たん熊北店主人
栗栖正博 監修

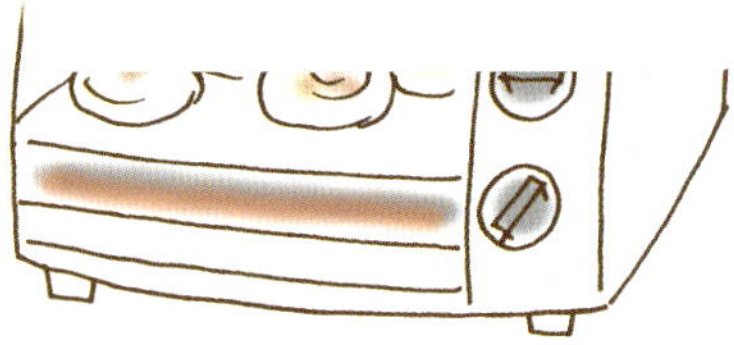

子どもとつくる たのしい和食

平凡社

この本《ほん》の使《つか》い方《かた》

「第《だい》３章《しょう》 おうちの人《ひと》とつくる和食《わしょく》」のページは、こう見《み》よう！

料理《りょうり》の名前《なまえ》

材料《ざいりょう》

できあがり写真《しゃしん》

もりつけのお手本《てほん》にしよう。

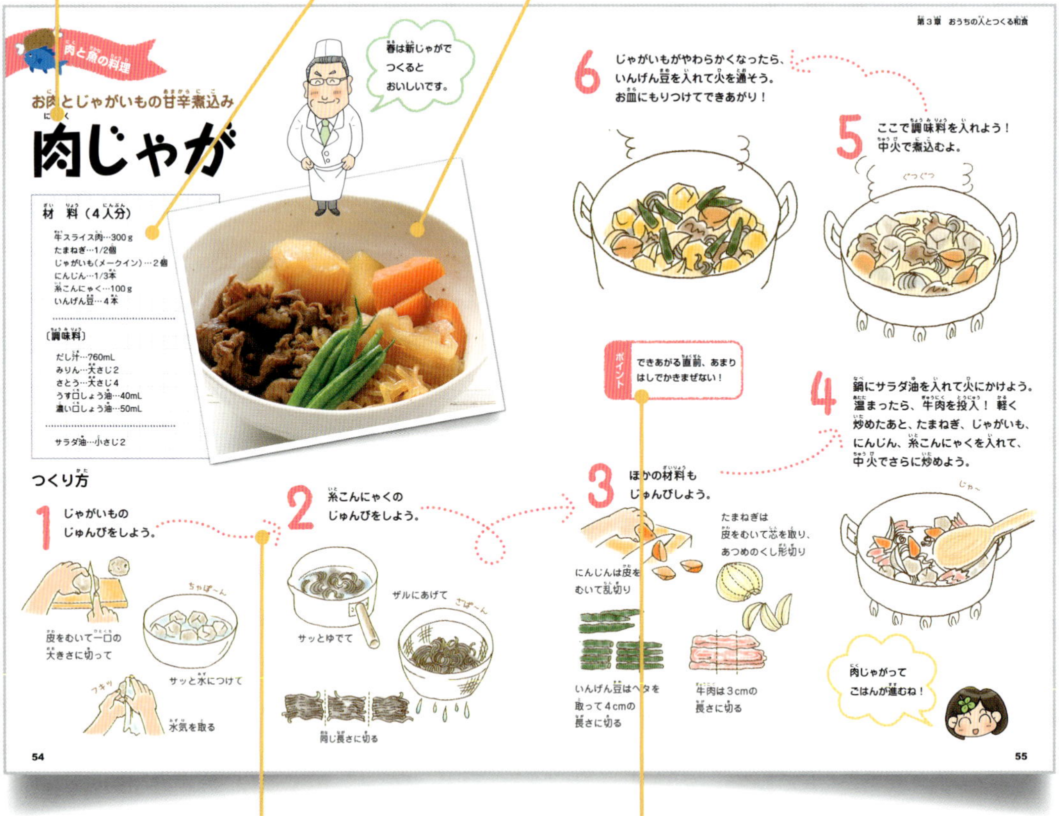

第３章《だい しょう》 おうちの人《ひと》とつくる和食《わしょく》

肉《にく》と魚《さかな》の料理《りょうり》

お肉とじゃがいもの甘辛煮込《あまからにこ》み

肉《にく》じゃが

材《ざい》 料《りょう》（4人分《にんぶん》）

牛《ぎゅう》スライス肉《にく》…300ｇ
たまねぎ…1/2個
じゃがいも（メークイン）…２個《こ》
にんじん…1/3本《ぽん》
糸《いと》こんにゃく…100ｇ
いんげん豆《まめ》…４本《ほん》

〔調味料《ちょうみりょう》〕

だし汁《じる》…760mL
みりん…大《おお》さじ2
さとう…大《おお》さじ4
うす口《くち》しょう油《ゆ》…40mL
濃《こ》い口《くち》しょう油《ゆ》…50mL

サラダ油《ゆ》…小《こ》さじ2

春《はる》は新《しん》じゃがで
つくると
おいしいです。

つくり方《かた》

1 じゃがいもの
じゅんびをしよう。

皮《かわ》をむいて一口《ひとくち》の
大《おお》きさに切《き》って

ちゃぽ～ん

サッと水《みず》につけて

フキッ

水気《みずけ》を取《と》る

2 糸《いと》こんにゃくの
じゅんびをしよう。

サッとゆでて

ザルにあげて

さぱ～ん

同《おな》じ長《なが》さに切《き》る

3 ほかの材料《ざいりょう》も
じゅんびしよう。

にんじんは皮《かわ》を
むいて乱切《らんぎ》り

たまねぎは
皮《かわ》をむいて芯《しん》を取《と》り、
あつめのくし形切《がたぎ》り

いんげん豆《まめ》はヘタを
取《と》って４cmの
長《なが》さに切《き》る

牛肉《ぎゅうにく》は３cmの
長《なが》さに切《き》る

4 鍋《なべ》にサラダ油《ゆ》を入《い》れて火《ひ》にかけよう。
温《あたた》まったら、牛肉《ぎゅうにく》を投入《とうにゅう》！ 軽《かる》く
炒《いた》めたあと、たまねぎ、じゃがいも、
にんじん、糸《いと》こんにゃくを入《い》れて、
中火《ちゅうび》でさらに炒《いた》めよう。

じゃ～

5 ここで調味料《ちょうみりょう》を入《い》れよう！
中火《ちゅうび》で煮込《にこ》むよ。

ぐつぐつ

6 じゃがいもがやわらかくなったら、
いんげん豆《まめ》を入《い》れて火《ひ》を通《とお》そう。
お皿《さら》にもりつけてできあがり！

ポイント

できあがる直前《ちょくぜん》、あまり
はしでかきまぜない！

肉《にく》じゃがって
ごはんが進《すす》むね！

54

55

つくり方《かた》

⋯⋯> の順《じゅん》につくろう。

ポイント

つくるときに注意《ちゅうい》するといいことが
書《か》いてあるよ。

熊《くま》さんのごあいさつ

はじめに

和食《わしょく》は、はるか昔《むかし》から日本《にほん》で育《そだ》ってきた食文化《しょくぶんか》です。日本《にほん》という土《と》地《ち》、気候《きこう》、そして日本《にほん》に住《す》む人《ひと》なくしてはできあがらなかったものです。

和食《わしょく》の心《こころ》とは、相手《あいて》を思《おも》う心《こころ》です。食材《しょくざい》の命《いのち》への感謝《かんしゃ》、料理《りょうり》をしてくれた人《ひと》への感謝《かんしゃ》、そして、いっしょに食《た》べる人《ひと》への思《おも》いやりです。その感謝《かんしゃ》の心《こころ》こそが和食《わしょく》の基本《きほん》であるとわたしは考《かんが》えています。

その懐《ふところ》の深《ふか》さを持《も》った和食《わしょく》だからこそ、海外《かいがい》の料理《りょうり》もさまざまに取《と》り入《い》れて進化《しんか》してきたことも忘《わす》れてはなりません。しかし、保存《ほぞん》や輸送《ゆそう》の技術革新《ぎじゅつかくしん》により、手間《てま》ひまをかけなくても、簡単《かんたん》な食事《しょくじ》が食《た》べられる時代《じだい》になり、いま、和食《わしょく》の心《こころ》は、日本人《にほんじん》から少《すこ》しずつ薄《うす》れてきてしまっています。

2013年《ねん》12月《がつ》、和食《わしょく》は、ユネスコ無形文化遺産《むけいぶんかいさん》に「和食《わしょく》 日本人《にほんじん》の伝統《でんとう》的《てき》な食文化《しょくぶんか》」として、登録《とうろく》されました。このことは、和食《わしょく》は守《まも》っていかなければいけないものだということを表《あらわ》しています。このことを機会《きかい》に、次《つぎ》の世代《せだい》に伝《つた》えるべき遺産《いさん》として、親御《おやご》さん、そして、子《こ》どもたちに和《わ》食《しょく》のすばらしさを知《し》っていただきたいと考《かんが》えました。

この本《ほん》にのっているレシピは、ラ・キャリエール クッキングスクールさんの協力《きょうりょく》のもと、料理初心者《りょうりしょしんしゃ》の方《かた》にもやさしい、お子様《こさま》といっしょにつくっていただける基本的《きほんてき》な献立《こんだて》です。

ぜひ実際《じっさい》に料理《りょうり》をしていただき、和食《わしょく》のおいしさ、奥《おく》の深《ふか》さを改《あらた》めて感《かん》じてもらえることを願《ねが》っています。

栗栖正博《くりすまさひろ》

もくじ

もくじ

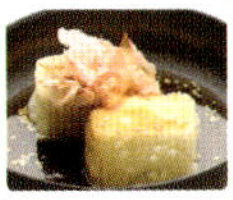

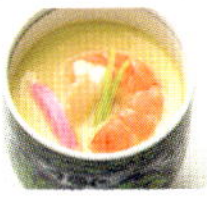

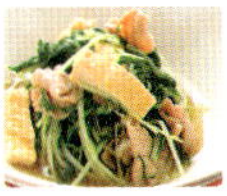

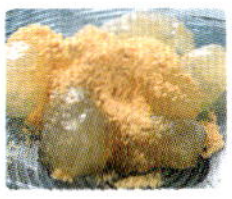

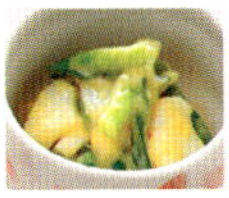

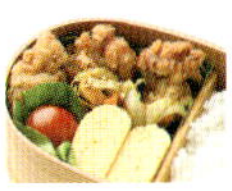

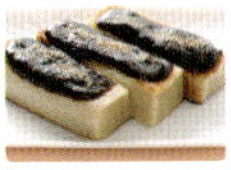

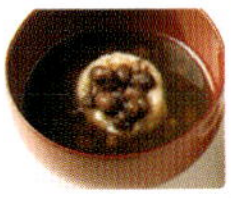

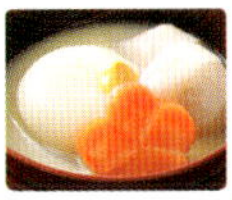

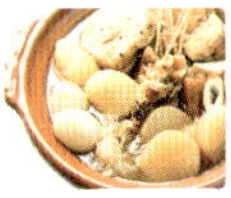

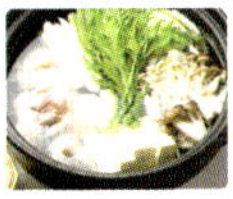

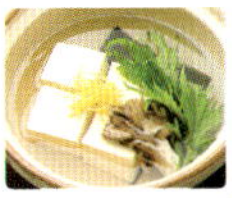

登場人物《とうじょうじんぶつ》のしょうかい

旬菜《じゅんな》

小学《しょうがく》2年生《ねんせい》。料理《りょうり》のことはよく知《し》らないが、明《あか》るく活発《かっぱつ》な女《おんな》の子《こ》。少《すこ》しおっちょこちょいなママにくらべて、しっかりしている。

ママ

旬菜《じゅんな》のママ。フランス料理《りょうり》やおしゃれが大好《だいす》き。今《いま》はピエールのレシピがのった『フレンチ入門《にゅうもん》』にハマっている。

パパ

旬菜《じゅんな》のパパ。実《じつ》は和食《わしょく》が大《だい》好《す》き。ママがフランス料理《りょうり》にハマっているため、なかなか和食《わしょく》が食《た》べられないでいる。

ピエール

ロザリーのパパで、有名《ゆうめい》なフレンチのシェフ。日本《にほん》にフレンチのお店《みせ》を開《ひら》くためにやってきた。和食《わしょく》のよさをフレンチに生《い》かそうとしている。

ロザリー

小学《しょうがく》2年生《ねんせい》。フランスからの転校生《てんこうせい》。日本語《にほんご》をしゃべることができ、和食《わしょく》の基本《きほん》も知《し》っている。明《あか》るい性格《せいかく》で、すぐに友《とも》だちをつくることが得意《とくい》。

熊《くま》さん

和食《わしょく》について教《おし》えてくれる先《せん》生《せい》。有名《ゆうめい》な料亭《りょうてい》(和食《わしょく》のお店《みせ》)の主人《しゅじん》。

第《だい》1章《しょう》　和《わ》食《しょく》ってどんな料《りょう》理《り》かな？

世界《せかい》から注目《ちゅうもく》されている和食《わしょく》

ただいま～
夏休《なつやす》みも　プールあって
小学生《しょうがくせい》もラクじゃないよ
ねぇ　ママ
今夜《こんや》のごはんは　何《なに》？
旬菜《じゅんな》　小学《しょうがく》2年生《ねんせい》
暑《あつ》くて
食欲《しょくよく》わかないでしょ
ビシソワーズをつくるわ
えっ
びしそば…？
何《なに》　それ？
じゃがいもの
スープよ
冷《つめ》たくて
栄養《えいよう》たっぷりよ
ふ～ん
おいもかぁ…
おいしいの？
そりゃ　ママが
つくるんだもん
それに　これは
フレンチなのよ
フレンチ
って？
フランス料理《りょうり》のこと
つまり　おしゃれ
なのよね～

それに　なんてったって
これは　あこがれの
ピエールシェフの
レシピなのよね
キラ
キラ
フレンチ入門
ピエール
ただいま〜
いや〜　暑《あつ》くて
バテバテだよ
あっ　パパ
おかえりっ!!
今日《きょう》は
びしそば　だよ！
そして夜《よる》ー
え？
何《なに》そば？
暑《あつ》いから
ざるそばか〜
そばじゃ
ありません！
ビ・シ・ソ・ワー・ズ！！
うわっ　またフランス
かぶれしてるヤツか？
たまには　和食《わしょく》も
食《た》べたいなあ
どんっ
夏休《なつやす》みが明《あ》けて新学期《しんがっき》
ガヤ
わー
背《せ》高《たか》いね
ガヤ
スラッとしてて
モデルさん
みたい
今日《きょう》から
みなさんと
いっしょに
お勉強《べんきょう》する
ロザリーちゃん
です
席《せき》は　旬菜《じゅんな》ちゃんの
おとなりね
旬菜《じゅんな》ちゃん
ボンジュール！
ぼ…ぼん
ぼんじゅー

休《やす》み時間《じかん》
わいわい
ロザリーちゃん
どこから来《き》たの？
フランスです
ヨーロッパよ
わいっ
え　フランス!?
知《し》ってる！
うちのママが
大好《だいす》きな国《くに》だよ
おしゃれ好《ず》きな
国《くに》なんだよね
うん
有名《ゆうめい》ブランドが
いっぱいあるよ
それに料理《りょうり》も
有名《ゆうめい》だよ
それ
フレンチって
言《い》うんだよね
そうよ
うちのお父《とう》さん
フレンチのシェフよ
日本《にほん》には
フレンチの　お店《みせ》を
出《だ》すために来《き》たのよ
すご〜い
そうだ！
今度《こんど》うちに
みんなを
招待《しょうたい》するわ
ピエールに
ごちそう　用意《ようい》して
もらうわね
やったー!!
いく!!
いく!!
うん？
ピエール？
ピエールは
お父《とう》さんの
名前《なまえ》よ
わたし
そう呼《よ》んでるの
旬菜《じゅんな》ちゃんも
来《き》てねっ
すごいな〜　お父《とう》さんの
呼《よ》び方《かた》まで　何《なん》だかおしゃれ
ロザリーちゃん　ステキ
うん
ありがとう

ただいま
おかえりなさい
今夜《こんや》は　フレンチ風鍋料理《ふうなべりょうり》 ブイヤベースよ
ああ そういえば　今度《こんど》 フランス人《じん》の友達《ともだち》んちの パーティーに呼《よ》ばれたよ
お父《とう》さんがシェフ なんだって… ピエールとかいう
ピエール
もしや本《ほん》も出《だ》してる シェフのピエール!?
ほんまかい!!
(ママは興奮《こうふん》すると 関西弁《かんさいべん》になる)
旬菜《じゅんな》! ママも行《い》くわ
ええーっ
パーティー当日《とうじつ》
お化粧《けしょう》 大丈夫《だいじょうぶ》 かしら
うわー　ロザリーちゃんち おうちもおしゃれ!!
旬菜《じゅんな》ちゃん いらっしゃい
旬菜《じゅんな》ママも ようこそ
イラッシャイ はじめまして ピエールです
ボンボン ボンジュール ムッシュ〜
アイム ジュンナ ママ!

本日《ほんじつ》は お招《まね》きいただき ありがとうございます
オー
礼儀正《れいぎただ》しいね 旬菜《じゅんな》ちゃん ヤマトナデシコ だね〜
イエ〜イ
おそいぞ 旬菜《じゅんな》 見《み》てみろ スゴイぞ
さぁ 旬菜《じゅんな》ちゃん こっちに来《き》て みんな 来《き》てるよ
わっ
すごい おいしそう!!
すごいわ〜 ピエールのフレンチ…あら?
これって… 和食《わしょく》?
本当《ほんとう》だ
これって 日本《にほん》の お料理《りょうり》ですよね?
そうデス 実《じつ》はコチラにも ダシを使《つか》ってます
実《じつ》は…
ピエールは 今《いま》 和食《わしょく》に夢中《むちゅう》なの
そうです 和食《わしょく》は スバラシ〜〜イ!!
グラスに入《はい》ったフランス風《ふう》ちゃわんむし

和食《わしょく》は…ダシのうま味《み》！
多様《たよう》な食材《しょくざい》!!
健康的《けんこうてき》で季節感《きせつかん》もある！
わたしだけでなく　フランス中《じゅう》のシェフから　いや　世界中《せかいじゅう》から　注目《ちゅうもく》されているのです
さぁ　みなさん　どうぞ　召《め》し上《あ》がってください!!
おいしい!!　これも和食《わしょく》!?
それはね　生《なま》ふの田楽《でんがく》
なにふの　でんがく…
モグ
モグ
ところで　和食《わしょく》は　「一汁三菜《いちじゅうさんさい》」　なんですよね？
おうちでは　どんな　お食事《しょくじ》なんですか
いちじゅう　さんさい…？
なあに　それ
いやねえ　旬菜《じゅんな》!!

旬菜《じゅんな》ったら　ピエールさんの前《まえ》だから　はずかしがって知《し》らないフリしてるんですの
ねー　旬菜《じゅんな》
一汁三菜《いちじゅうさんさい》っていうのは　ごはん　汁《しる》もの　おかずが3つという意味《いみ》じゃない
おほほほ
ただいま!
どうだった　フレンチの　パーティーは?
写真見《しゃしんみ》る!?
すっごい　おいしかった!
すごいな　キレイだな…
でもね　なんと　和食《わしょく》がいっぱい!!
和食《わしょく》って今《いま》　世界中《せかいじゅう》から注目《ちゅうもく》されてるんだって
ねー　ママ
どうしたんだ　ボーっとして
フレンチが少《すく》なくて　ショックだったのか?
まさかー　どれもこれも　とっても　おいしかったんだよ

わたし…和食《わしょく》がこんなに
おいしくて　キレイだなんて
知《し》らなかったわ
決《き》めたわ!!
これからは
おしゃれ和食《わしょく》を
極《きわ》めるわ!!
おいおい
その着物《きもの》
いつのまに
買《か》ったんだ!?
わたしも!!　ロザリーちゃんの方《ほう》が
和食《わしょく》にくわしそうだったから
わたしも日本人《にほんじん》として　きちんと
知《し》っておきたいわ
よく言《い》った　旬菜《じゅんな》!
さっそく和食《わしょく》の
リサーチよ!!
まずは
和食《わしょく》のいろは
一《いち》から和食《わしょく》を
学《まな》びましょう!!
いっしょに
基本的《きほんてき》な
お料理《りょうり》を
つくるわよー
よーし
がんばるぞ!!

熊《くま》さんのこぼれ話《ばなし》①

水《みず》のちがいでわかる フランス料理《りょうり》と和食《わしょく》

料理《りょうり》で大事《だいじ》なのは「水《みず》」です。水《みず》を考《かんが》えたとき、フランス料理《りょうり》と和食《わしょく》の大《おお》きなちがいがわかります。フランスの水《みず》は硬水《こうすい》といって、ミネラル分《ぶん》が多《おお》くふくまれ、独特《どくとく》の味《あじ》があります。日本《にほん》の水《みず》は軟水《なんすい》といってミネラル分《ぶん》が少《すく》なく、味《あじ》はありません。

硬水《こうすい》は栄養価《えいようか》が高《たか》く、シチューやポトフなどを長時間《ちょうじかん》煮《に》込《こ》んでも煮《に》くずれしません。しかし、うま味《み》がとけ込《こ》まないので、だしを取《と》るのには向《む》きません。そのため、フランス料理《りょうり》では水《みず》をそのまま使《つか》わず牛乳《ぎゅうにゅう》や野菜《やさい》の水分《すいぶん》で食材《しょくざい》を煮込《にこ》んだり、油《あぶら》で炒《いた》めたり、濃《こ》いめのソースで味《あじ》つけをしたりする方法《ほうほう》が発達《はったつ》しました。

それに対《たい》して、軟水《なんすい》はやわらかく飲《の》みやすい水《みず》です。素《そ》材《ざい》をあらうことができ、うま味《み》を十分《じゅうぶん》に引《ひ》き出《だ》すので、だしを取《と》ることができます。ゆでたり、冷《ひ》やしたり、お米《こめ》を炊《た》くのも軟水《なんすい》の方《ほう》が得意《とくい》です。そのため、和食《わしょく》は素材《そざい》の味《あじ》を生《い》かしたあっさり味《あじ》になりました。

最近《さいきん》は、体《からだ》によくない余分《よぶん》な油分《ゆぶん》と塩分《えんぶん》をひかえるため、フランス料理《りょうり》でもだしをつかった品《しな》がつくられているようです。どちらの良《よ》さも取《と》り入《い》れたすごい料理《りょうり》が生《う》まれる日《ひ》もくるかもしれません。

第《だい》2章《しょう》　和食《わしょく》のことを教《おし》えてもらおう

和食《わしょく》について
教《おし》えてもらえる
んだって！
いっしょに
一《いち》から
学《まな》ぼう！

取材協力《しゅざいきょうりょく》：たん熊北店《くまきたみせ》

和食《わしょく》ってなんだろう？

和食《わしょく》のこと、
じつはママもよく
知《し》らないのよね。
!!
だいじょうぶデス。
今日《きょう》は先生《せんせい》をお願《ねが》い
してありマス！

今日《きょう》はわたしがご案内《あんない》します

京料理
たん熊
北店

和食《わしょく》というのは、ごはんを中心《ちゅうしん》に食《た》べるための、汁《しる》と野菜《やさい》と魚《さかな》の料理《りょうり》のことです。和《わ》食《しょく》では、食《た》べる相手《あいて》を心地《ここち》よくしてあげることが、料理《りょうり》と同《おな》じくらい大事《だいじ》にされています。そのため、料理《りょうり》だけではなく、お皿《さら》やつくえ、まわりのかざりやお店《みせ》の雰囲気《ふんいき》も心地《ここち》よいものになるよう気《き》をつけています。和食《わしょく》の心《こころ》である「おもてなし」を楽《たの》しんでもらうためのお店《みせ》のことを、料亭《りょうてい》と言《い》っています。

こちらはお店《みせ》の中《なか》。カウンターでは、
ごはんをいただく向《む》かいで、
板前《いたまえ》さんが料理《りょうり》をつくってくれます。
その日《ひ》のおいしい食材《しょくざい》のことや、
調理法《ちょうりほう》も教《おし》えてもらえますよ。

外《そと》の入口《いりぐち》に
あったのは
なんデスか？

あぁ、あれはのれんです。
玄関《げんかん》にはお店《みせ》の名前《なまえ》を書《か》いた布《ぬの》を
かけています。その上《うえ》にあるのは
しめなわかざり。本来《ほんらい》はお正月《しょうがつ》に
だけかざるものですが、伊勢神宮《いせじんぐう》の
しめなわは一年中《いちねんじゅう》かざっても
いいんです。

和食《わしょく》は日本《にほん》で生《う》まれた文化《ぶんか》です

さぁ、ここからは
和食《わしょく》の基本《きほん》について
お話《はなし》しましょう。
はーい!
メモメモ…

豊富《ほうふ》な
海《うみ》の幸《さち》!
ハモという魚《さかな》を
調理《ちょうり》している
ところです。

どんな
できあがりに
なるんだろう!?

日本《にほん》の食《しょく》の中心《ちゅうしん》には魚《さかな》がある。日本近海《にほんきんかい》の魚《さかな》の種類《しゅるい》は、およそ4200種類《しゅるい》にもなる。

　和食《わしょく》は、日本《にほん》という国《くに》の気候《きこう》と風土《ふうど》の中《なか》で、生《う》まれ育《そだ》った食文化《しょくぶんか》です。

　まず日本《にほん》は海《うみ》に囲《かこ》まれていますから、魚《さかな》や貝《かい》などの海《うみ》の幸《さち》が豊富《ほうふ》です。暑《あつ》さと寒《さむ》さ、季《き》節《せつ》のはっきりとした変化《へんか》があり、雨《あめ》が多《おお》い気《き》候《こう》は、お米《こめ》や野菜《やさい》、山菜《さんさい》、きのこなどがたくさんとれます。

　そして、山《やま》のきれいな水《みず》が豊富《ほうふ》に使《つか》えることで、野菜《やさい》や魚《さかな》をあらえますし、蒸《む》す、ゆでる、煮《に》るといった調理法《ちょうりほう》が発達《はったつ》しました。だしのうま味《み》も、きれいな水《みず》だから感《かん》じられるおいしさなのです。野菜《やさい》が中心《ちゅうしん》の食材《しょくざい》、あっさりとした味《あじ》つけは、健康的《けんこうてき》で世界《せかい》からも注目《ちゅうもく》されている和食《わしょく》のポイントです。

　和食《わしょく》の「和《わ》」は昔《むかし》の日本《にほん》を指《さ》したことばで、「おちつく」「なごむ」といった意味《いみ》があります。和食《わしょく》は単《たん》に食《た》べるだけではなく、食《た》べる人《ひと》をもてなすための料理《りょうり》でもあるのです。

調理法《ちょうりほう》と美《うつく》しいもりつけ

もりつけがきれい!!

これは「炊《た》き合《あ》わせ」というこんだてです。それぞれの素材《そざい》を別々《べつべつ》に煮《に》て組《く》み合《あ》わせたものです。

蒸《む》す、ゆでる、煮《に》るという調理法《ちょうりほう》が中心《ちゅうしん》の和食《わしょく》。
あっさりとした味《あじ》つけで健康的《けんこうてき》。

和食《わしょく》の基本《きほん》スタイル「一汁三菜《いちじゅうさんさい》」

ごはんを食《た》べるための基本《きほん》のかたちを「一汁三菜《いちじゅうさんさい》」といいます。主食《しゅしょく》のごはん、汁《しる》もの１品《ぴん》、３つのお菜《さい》（おかず）を組《く》み合《あ》わせたもので、栄養《えいよう》バランスの取《と》りやすい食事《しょくじ》です。

和食《わしょく》のおいしさは、だしのうま味《み》にあり

塩分《えんぶん》も脂肪分《しぼうぶん》も少《すく》ない和食《わしょく》は、だしの味《あじ》が基本《きほん》です。だしとは、食材《しょくざい》を煮《に》たり水《みず》にひたしたりして、素材《そざい》のうま味《み》をとけ込《こ》ませた汁《しる》のことです。和食《わしょく》はこのだしを使《つか》って野菜《やさい》や魚《さかな》を煮込《にこ》んだり、みそ汁《しる》をつくったりします。

だしのおいしさの秘密《ひみつ》はうま味《み》です。香《かお》りがよく、口《くち》いっぱいに広《ひろ》がる、甘味《あまみ》とも塩味《えんみ》ともちがうおいしさ。うま味《み》は、甘味《あまみ》、塩味《えんみ》、苦味《にがみ》、酸味《さんみ》と並《なら》んで食事《しょくじ》の基本《きほん》となる五味《ごみ》の1つなのです。

日本《にほん》ではあっさりした味《あじ》わいの穀物《こくもつ》や野菜《やさい》が中心《ちゅうしん》だったので、おいしくいただくための知恵《ちえ》として、だしのうま味《み》が昔《むかし》から使《つか》われてきたのです。

かつお節《ぶし》

かつおの身《み》を煮《に》て、くん製《せい》にして乾燥《かんそう》させ、半年《はんとし》ほどでできる日本《にほん》の伝統的《でんとうてき》な保存食《ほぞんしょく》。うすくけずったけずり節《ぶし》をだしに使《つか》う。イノシン酸《さん》という、うま味《み》成分《せいぶん》がふくまれている。

かつお節《ぶし》とこんぶの組《く》み合《あ》わせはうま味《み》の相乗効果《そうじょうこうか》！ うま味《み》成分《せいぶん》は、こんぶやかつお節《ぶし》だけだったときの8倍《ばい》にもなるんだって。

一番《いちばん》だし

こんぶとかつお節《ぶし》から最初《さいしょ》に取《と》っただしのこと。一番《いちばん》だしを取《と》ったあとのだしがらで再《ふたた》び取《と》っただしを二番《にばん》だしという。

にぼし

小魚《こざかな》を煮《に》て干《ほ》したもの。いりこ、じゃこともいう。カタクチイワシやウルメイワシなど、汁《しる》ものによく使《つか》われる。かつお節《ぶし》と同《おな》じイノシン酸《さん》がふくまれている。

日本《にほん》にはきれいな水《みず》があるというのも、おいしいだしが引《ひ》ける*条件《じょうけん》です。

*素材《そざい》からうま味《み》成分《せいぶん》を引《ひ》き出《だ》すという意味《いみ》で、だしを「引《ひ》く」という

こんぶ

乾燥《かんそう》させたこんぶは、寝《ね》かせておくと熟成《じゅくせい》して甘味《あまみ》が出《で》るといわれ、1年《ねん》以上《いじょう》寝《ね》かせたものもある。ふくまれているうま味《み》成分《せいぶん》はグルタミン酸《さん》。

だしの取《と》り方《かた》は66ページを見《み》てネ！

ほかにもこんなものでだしを取《と》ります！

干《ほ》ししいたけも代表的《だいひょうてき》なだしの素材《そざい》で、こんぶだしとよく合《あ》います。夕顔《ゆうがお》の実《み》の皮《かわ》からつくられたかんぴょうや、大豆《だいず》のだしは、お寺《てら》の精進料理《しょうじんりょうり》に使《つか》われます。魚《さかな》の内臓《ないぞう》やあら(頭《あたま》や骨《ほね》)を煮《に》て、だしとして使《つか》うこともあります。

干《ほ》ししいたけ

かんぴょう

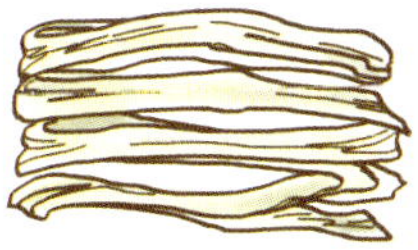

大豆《だいず》

魚《さかな》のあら

基本《きほん》の調味料《ちょうみりょう》は７種類《しゅるい》

和食《わしょく》の味《あじ》つけはとってもシンプル。だし(24ページ)によって味《あじ》がついているから、少《すこ》しの味《あじ》つけで満足《まんぞく》できる味《あじ》になるのです。その上《うえ》で、ほかとの味《あじ》のちがいを出《だ》したり、保存《ぞん》したりするために調味料《ちょうみりょう》を使《つか》います。和食《わしょく》の基本《きほん》となる調味料《ちょうみりょう》のうち5つを「さしすせそ」と言《い》って覚《おぼ》えることもあります。

さ

さとう

和食《わしょく》の甘味《あまみ》は、基本《きほん》、みりんかお酒《さけ》。でもしっかりと甘味《あまみ》をつけたいときには、さとうが欠《か》かせない。1300年前《ねんまえ》に中国《ちゅうごく》から入《はい》ってきた。

し

塩《しお》

海《うみ》からとれる、昔《むかし》からの調味料《ちょうみりょう》。塩《えん》味《み》をつける役割《やくわり》がある。塩《しお》によって素《そ》材《ざい》の水分《すいぶん》がぬけるので、魚《さかな》の臭《くさ》みを取《と》るときや下《した》ごしらえのときにも使《つか》う。

「さしすせそ」は、料理《りょうり》に入《い》れる順番《じゅんばん》にもなっているんだね。

す

酢《す》

すっぱい酸味《さんみ》のもと。原料《げんりょう》が穀物《こくもつ》(小《こ》麦《むぎ》、とうもろこし、米《こめ》)のものと、お米《こめ》だけのものがある。さとうよりも前《まえ》に中国《ちゅうごく》から入《はい》ってきた。

せ

しょう油《ゆ》

濃《こ》い口《くち》しょう油《ゆ》

うす口《くち》しょう油《ゆ》

「さしすせそ」の「せ」(せうゆ＝しょうゆ)。煮《に》ものの味《あじ》つけや魚《さかな》やおすしにつけて食《た》べる。一般的《いっぱんてき》なのは、濃《こ》い口《くち》しょう油《ゆ》。色《いろ》がうすくて塩分《えんぶん》が少《すこ》し多《おお》いのが、うす口《くち》しょう油《ゆ》。

お酒《さけ》って
わたしたち子《こ》どもでも
だいじょうぶかなぁ。
お酒《さけ》といっても、
2～3分《ぶん》ふっとうさせ
たら、アルコール分《ぶん》は
なくなります。

そ

みそ

みそ汁《しる》のほかにも、魚《さかな》につけたり塩味《えんみ》として使《つか》ったりする。大豆《だいず》や米《こめ》、麦《むぎ》などが原料《げんりょう》になる。熟成期間《じゅくせいきかん》が短《みじか》く、甘味《あまみ》のあるものが白《しろ》みそ。熟成期間《じゅくせいきかん》が長《なが》く、塩分《えんぶん》も多《おお》いものを赤《あか》みそという。一般的《いっぱんてき》によく使《つか》われるのはその中間《ちゅうかん》の淡色《あわいろ》みそ(合《あ》わせみそ)。

白《しろ》みそ

赤《あか》みそ

淡色《あわいろ》みそ(合《あ》わせみそ)

酒《さけ》

お米《こめ》が原料《げんりょう》。煮《に》ものなどの料理《りょうり》に使《つか》うと、コクやうま味《み》が出《で》たり、臭《くさ》みが消《き》えたり、やわらかくもできる。

みりん

もち米《ごめ》、米《こめ》こうじ、酒《さけ》が原料《げんりょう》で、甘《あま》い酒《さけ》のようなもの。さとうにはない、まろやかで上品《じょうひん》な甘味《あまみ》とうま味《み》が特《とく》ちょう。

だし、しょう油《ゆ》、
みりん*が和食《わしょく》の
基本《きほん》の味《あじ》つけデス
よね！
よく知《し》ってますね～。
なるほど…
メモメモ…

*だし、しょう油《ゆ》、酒《さけ》を基本《きほん》ということもあります

季節《きせつ》の食材《しょくざい》をおいしく食《た》べること

氷《こおり》にもりつけられてすずしそうネ。
夏《なつ》のお料理《りょうり》の例《れい》だって。
夏《なつ》は生《なま》の魚《さかな》がいたまないようにお酢《す》で和《あ》えるなどしていただきます。これがおすしのもとになったのですよ。

海《うみ》と山《やま》がある日本《にほん》は、魚《さかな》と野菜《やさい》を中心《ちゅうしん》に食材《しょくざい》の種類《しゅるい》が豊富《ほうふ》です。そして、それぞれの食材《しょくざい》に旬《しゅん》があります。旬《しゅん》とはその食材《しょくざい》が一番《いちばん》よくとれる時期《じき》のことで、旬《しゅん》のものは味《あじ》がおいしく、栄養価《えいようか》が高《たか》いと言《い》われています。和食《わしょく》ではその旬《しゅん》を大切《たいせつ》にこんだてを決《き》めて、素材《そざい》の味《あじ》を一番《いちばん》に生《い》かすよう調理《ちょうり》してもりつけるのが基本《きほん》です。

今《いま》は一年中《いちねんじゅう》食《た》べたいものが手《て》に入《はい》りますが、食材《しょくざい》には一番《いちばん》おいしい季節《きせつ》があり、和食《わしょく》ではそれを知《し》ることが大切《たいせつ》なのです。

季節《きせつ》ごとの旬《しゅん》の食材《しょくざい》

ほかにも、そら豆《まめ》、
たまねぎ、いちご、
ホタルイカなど。
じゃがいも
キャベツ
たけのこ
ハマグリ(貝《かい》)

春《はる》

草《くさ》や木《き》に緑《みどり》が見《み》え始《はじ》めて、芽《め》が出《で》る春《はる》は、苦味《にがみ》のある芽《め》の出《で》る野菜《やさい》が多《おお》い。

きゅうり
ほかにも
えだ豆《まめ》、しそ、すいか、
メロン、アユなど。
トマト
なす
スズキ(白身《しろみ》の魚《さかな》)

夏《なつ》

気温《きおん》の高《たか》い夏《なつ》の旬《しゅん》は、体《からだ》の熱《ねつ》をにがしたり、つかれた体《からだ》を元気《げんき》にしたりする食材《しょくざい》が多《おお》い。

冬《ふゆ》

冬《ふゆ》の野菜《やさい》は、かぜの予防《よぼう》になったり体温《たいおん》を保《たも》ったりしてくれる。

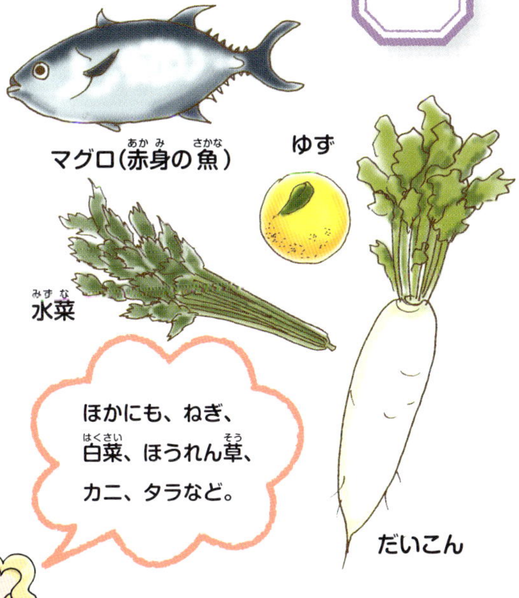
マグロ(赤身《あかみ》の魚《さかな》)
ゆず
水菜《みずな》
ほかにも、ねぎ、
白菜《はくさい》、ほうれん草《そう》、
カニ、タラなど。
だいこん

秋《あき》

暑《あつ》さがおさまり、食欲《しょくよく》が増《ま》す季節《きせつ》。秋《あき》は実《みの》りの秋《あき》というぐらい旬《しゅん》の食材《しょくざい》が豊富《ほうふ》。

かき
きのこ
サンマ(青背《あおせ》の魚《さかな》)
ほかにも、サケ、
さつまいも、りんご、
にんじんなど。
里《さと》いも

自然《しぜん》な心配《こころくば》りが、和食《わしょく》のおもてなし

和食《わしょく》のお店《みせ》(料亭《りょうてい》)では、お店《みせ》に入《はい》るところから食事《しょくじ》をするまでにも、いろいろな心配《こころくば》りがなされています。例《たと》えば、店先《みせさき》では、打《う》ち水《みず》(水《みず》まき)をして、お店《みせ》の準備《じゅんび》が整《ととの》ったことを表《あらわ》します。室内《しつない》では、とこの間《ま》に季節《きせつ》ごとに選《えら》んだかけじく*や季節《きせつ》のお花《はな》をかざって、さりげなく四季《しき》を演出《えんしゅつ》します。夏《なつ》はすずしげに、冬《ふゆ》は暖《あたた》かく、自然《しぜん》に感《かん》じるよう心《こころ》がけ、お客《きゃく》さんを迎《むか》えるのです。

さらには、おもてなしの心《こころ》は食事《しょくじ》をする側《がわ》にも自然《しぜん》に生《う》まれています。「いただきます」は、食材《しょくざい》の命《いのち》への感謝《かんしゃ》の心《こころ》です。食後《しょくご》の「ごちそうさまでした」の、ちそう(＝馳走《ちそう》)には、準備《じゅんび》をするために走《はし》りまわるという意味《いみ》があり、つくってくれた人《ひと》への感謝《かんしゃ》の気持《きも》ちが込《こ》められています。

和食《わしょく》の心地《ここち》よさは、つくる人《ひと》と食《た》べる人《ひと》、おたがいの気持《きも》ちから生《う》まれるものなのです。

＊かけじく…書《しょ》や絵《え》をかべにかけられるように、布《ぬの》や紙《かみ》で飾《かざ》りつけたもの

打《う》ち水《みず》

打《う》ち水《みず》は、接客《せっきゃく》をする仲居《なかい》さんのお仕事《しごと》なんだね。

たん熊
北店

午前中《ごぜんちゅう》と夕方《ゆうがた》の1日《にち》2回《かい》、お店《みせ》の前《まえ》の道路《どうろ》と玄関《げんかん》の土間《どま》にまくんですって。

冬《ふゆ》もやるなんてオドロキ！

初夏《しょか》の室内《しつない》のようす

しょうじ
庭《にわ》
庭《にわ》の手《て》入《い》れも大切《たいせつ》なじゅんびの1つ
瓶掛《びんかけ》
茶道《さどう》で使《つか》う、夏《なつ》にお湯《ゆ》をわかすための道具《どうぐ》
座《ざ》いす

これが、とこの間《ま》？

とこの間《ま》

そうよ。和室《わしつ》にある、絵《え》や置物《おきもの》などのかざりを置《お》くための、段差《だんさ》のある小《ちい》さな空《くう》間《かん》のことね。

初夏《しょか》のかざりとして、かけじくには、ひなげしの花《はな》が描《えが》かれ、左《ひだり》には鉄《てつ》せんとフトイが生《い》けられています。

とこの間《ま》には、立《た》ったり座《すわ》ったりしたらダメなんだよ。

料亭《りょうてい》は、昔《むかし》は山《やま》や町《まち》の外《そと》にありました。和食《わしょく》をいただく空間《くうかん》は、となりの話《はな》し声《こえ》や外《そと》の音《おと》が聞《き》こえない、静《しず》かなところが心地《ここち》いいとされています。だからお店《みせ》の中《なか》で音楽《おんがく》もかけないのです。

健康《けんこう》と長寿《ちょうじゅ》を願《ねが》う和食《わしょく》

　伝統的《でんとうてき》な和食《わしょく》の代表《だいひょう》といえば、お正月《しょうがつ》に食《た》べるおせち料理《りょうり》です。もともとは季節《きせつ》の節《ふし》目《め》となる日《ひ》に食《た》べられていた料理《りょうり》で、そのうちもっとも重要《じゅうよう》なお正月《しょうがつ》だけが残《のこ》ったものです。一年《いちねん》の幸《しあわ》せを願《ねが》い、家族《かぞく》で集《あつ》まって食事《しょくじ》をする、このことは和食《わしょく》の大切《たいせつ》な役割《やくわり》を表《あらわ》しています。

　昔《むかし》から日本《にほん》では、お祭《まつり》やお祝《いわ》いの席《せき》で、家《か》族《ぞく》や親《しん》せきと食事《しょくじ》をすることが多《おお》くあります。子《こ》どもにとっては、作法《さほう》や味《あじ》、栄養《えいよう》について教《おそ》わったりするお話《はなし》の機会《きかい》でもありました。和食《わしょく》には、いっしょに食《た》べることで人《ひと》と人《ひと》とのきずなを深《ふか》める役割《やくわり》があるのです。

お正月《しょうがつ》に
食《た》べられるものを
見《み》てみましょう！

楽《たの》しみ～！

鏡《かがみ》もち

これは知《し》ってる
鏡《かがみ》もちだ！

おぞう煮《に》

うちのとは
ちがうおぞう煮《に》だ。

そうですね。昔《むかし》は貴重《きちょう》だった
おもちをかざって、お正月《しょうがつ》に
神様《かみさま》におそなえするものです。
お正月《しょうがつ》が終《お》わったら、ぜんざいや
もちがゆにして食《た》べます。

地域《ちいき》によって少《すこ》しずつちがいがあります。
関東風《かんとうふう》は四角《しかく》いもちにしょう油味《ゆあじ》の汁《しる》。
京都《きょうと》では丸《まる》いもちに白《しろ》みその汁《しる》が多《おお》いです。

おせち料理《りょうり》

おせち料理《りょうり》は、地域《ちいき》によってちがいはあるが、共通《きょうつう》して福《ふく》を招《まね》き、健康《けんこう》、長生《ながい》き、子孫《しそん》の繁栄《はんえい》などの願《ねが》いが込《こ》められている。魚《さかな》や貝《かい》、野菜《やさい》、豆《まめ》、いもが多《おお》く、だしの味《あじ》つけが主《しゅ》で、油《あぶら》は使《つか》われていないのも特《とく》ちょう。

はなやか
デスねぇ。
すごーい！
こんな意味《いみ》が
あったのね…。

昆布巻《こぶまき》

こんぶはこぶとも言《い》って「よろこぶ」のことばにかけて縁起《えんぎ》がよいもの

たたきごぼう

ごぼうは細《ほそ》く長《なが》くまっすぐに根《ね》をのばすことから、縁起《えんぎ》がよいとされている

田《た》づくり

田《た》んぼや畑《はたけ》の作物《さくもつ》がたくさんとれますように、という願《ねが》いが込《こ》められている

えび

長《なが》いひげ、こしが曲《ま》がっていることから長生《ながい》きするという願《ねが》いが込《こ》められている

かずのこ

ニシンという魚《さかな》の卵《たまご》。子《こ》どもがたくさん生《う》まれるように、と子孫繁栄《しそんはんえい》の願《ねが》いが込《こ》められている

黒豆《くろまめ》

「まめ」とは、丈夫《じょうぶ》で健康《けんこう》を意味《いみ》することば

栗《くり》

栗《くり》は山《やま》の幸《さち》の代表《だいひょう》。勝《か》ち栗《くり》ともいって、縁起《えんぎ》がよいもの

いかがでしたか？　和食《わしょく》、なかなかでしょう？
これからも、和食《わしょく》が身近《みぢか》で愛《あい》されるものでありますように…

いよいよ
和食《わしょく》をつくってみよう!
和食《わしょく》って
奥《おく》が深《ふか》いのねー
ホントに　和食《わしょく》は
スバラシイですね
何《なに》か　つくって
みたくなっちゃった
わたしも
つくってみたいな
じゃあ　これから
みんなでつくりましょう
まずは　きちんと
手《て》をあらいましょう
料理《りょうり》をする前《まえ》には
つめの中《なか》やひじまで
しっかり　あらうのね
キッチンの
作業台《さぎょうだい》
高《たか》いみたい
はい
踏《ふ》み台《だい》
料理《りょうり》するときは
ちょうどいい高《たか》さに
なるようにしましょう
包丁《ほうちょう》を使《つか》うときは
まな板《いた》とおへそが
同《おな》じくらいの高《たか》さで!!
グラグラしない踏《ふ》み台《だい》でね
火《ひ》を使《つか》うときは
手《て》をまっすぐおろして
指《ゆび》が台《だい》につくくらいの
高《たか》さがいいんですよ

じゃあ　さっそく
包丁《ほうちょう》を使《つか》って…
ストップ!!
包丁《ほうちょう》を使《つか》うときの
約束《やくそく》があるんですよね
1 包丁《ほうちょう》の下《した》に
手《て》は置《お》かない
3 包丁《ほうちょう》を使《つか》わない
ときは　刃先《はさき》を
人《ひと》がいない方《ほう》に
向《む》けて台《だい》の奥《おく》に
置《お》こうね
2 包丁《ほうちょう》で切《き》るとき
押《お》さえる手《て》は
“ネコの手《て》”で
ニャー
ねーね
「大《おお》さじ1」って
こんなかしら？
てんこもり
ノンノン！
分量《ぶんりょう》を量《はか》るとき
粉《こな》はすりきり
液体《えきたい》は
少《すこ》しだけ
もりあがる
イメージでね
火《ひ》を使《つか》うときの
約束《やくそく》もして
おきましょう
1 お鍋《なべ》や
フライパンは
コンロの
まん中《なか》に
2 ふたを開《あ》ける
ときは
向《む》こう側《がわ》に
向《む》けて湯気《ゆげ》を
出《だ》してから
3 フライパンや
鍋《なべ》を持《も》つところ(柄《え》)は
体《からだ》にぶつからないよう
少《すこ》しななめに向《む》ける
約束事《やくそくごと》が
多《おお》いなぁ…
でも
楽《たの》しく料理《りょうり》するために
必要《ひつよう》なことなんだよね
これでじゅんびOK
さっそく　和食《わしょく》を
つくってみましょう！
オーッ!!

熊《くま》さんのこぼれ話《ばなし》②

都《みやこ》だった京都《きょうと》で進化《しんか》してきた和食《わしょく》

京都《きょうと》は長《なが》い間《あいだ》天皇《てんのう》が住《す》んでいた都《みやこ》でした。京料理《きょうりょうり》は、そのための最高級《さいこうきゅう》のおもてなし料理《りょうり》でもありました。文化《ぶんか》の中心《ちゅうしん》だった都《みやこ》で生《う》まれたさまざまな流《なが》れを取《と》りこんで発展《はってん》してきたことから、和食全体《わしょくぜんたい》の歴史《れきし》とも重《かさ》なっています。

例《たと》えば、有職料理《ゆうそくりょうり》という平安時代《へいあんじだい》の貴族《きぞく》の間《あいだ》でできあがった料理《りょうり》があります。仏教《ぶっきょう》からの影響《えいきょう》で、肉《にく》や魚《さかな》を使《つか》わず、とうふやゆば、海藻《かいそう》などが好《この》まれた精進料理《しょうじんりょうり》の考《かんが》え方《かた》も、京料理《きょうりょうり》には取《と》り入《い》れられています。茶道《さどう》の懐石料理《かいせきりょうり》、そして江戸時代《えどじだい》に公家《くげ》のおもてなしを、お金持《かねも》ちの庶民《しょみん》がまねて、宴会《えんかい》の席《せき》などで出《だ》した会席料理《かいせきりょうり》などもそうです。実際《じっさい》に一般《いっぱん》の家庭《かてい》でつくられてきたようなおばんざい(おそうざい)の考《かんが》え方《かた》も生《い》かしています。

さらに、海《うみ》から遠《とお》いこともあり、精進料理《しょうじんりょうり》を中心《ちゅうしん》に野菜《やさい》が好《この》まれたことから、京都《きょうと》に根《ね》ざした独特《どくとく》の野菜《やさい》を京野菜《きょうやさい》といい、京料理《きょうりょうり》には欠《か》かせない食材《しょくざい》となっています。

京都《きょうと》の食材《しょくざい》を生《い》かし、京都《きょうと》の生活《せいかつ》・文化《ぶんか》をふまえてつくられるもの、それが京料理《きょうりょうり》となって今《いま》にいきづいているものです。

第《だい》3章《しょう》　おうちの人《ひと》とつくる和食《わしょく》

料理《りょうり》をするときに気《き》をつけることは34～35ページも見《み》てね。
火《ひ》や包丁《ほうちょう》を使《つか》うときは必《かなら》ずおうちの人《ひと》といっしょにネ。

とり肉《にく》と野菜《やさい》のゴロゴロ煮込《にこ》み

筑《ちく》前《ぜん》煮《に》

材《ざい》　料《りょう》（4人分《にんぶん》）

とりモモ肉《にく》…1枚《まい》
にんじん…80g
ごぼう…80g
こんにゃく…1/2丁《ちょう》
きぬさや…8枚《まい》
れんこん…100g
ゆでたけのこ…100g

〔調味料《ちょうみりょう》〕

だし汁《じる》…400mL
酒《さけ》…大《おお》さじ4
さとう…大《おお》さじ4
みりん…大《おお》さじ2
濃《こ》い口《くち》しょう油《ゆ》…大《おお》さじ3
うす口《くち》しょう油《ゆ》…大《おお》さじ1

サラダ油《ゆ》…小《こ》さじ4

つくり方《かた》

1 材料《ざいりょう》を
じゅんびしよう。

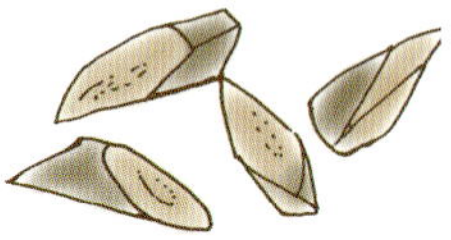

土《つち》をあらい流《なが》した
ごぼうは乱切《らんぎ》りにして

5分《ふん》ほど水《みず》につけてアクぬき

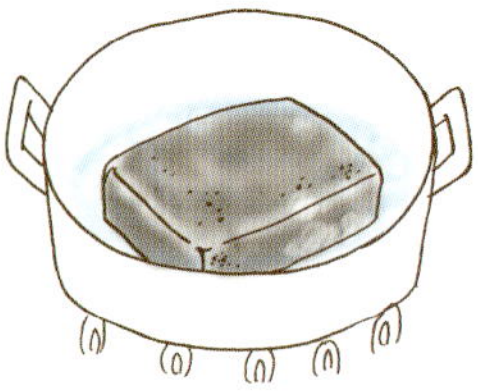

こんにゃくは熱湯《ねっとう》に通《とお》して、
ごぼうと同《おな》じくらいの大《おお》きさに
スプーンで切《き》る

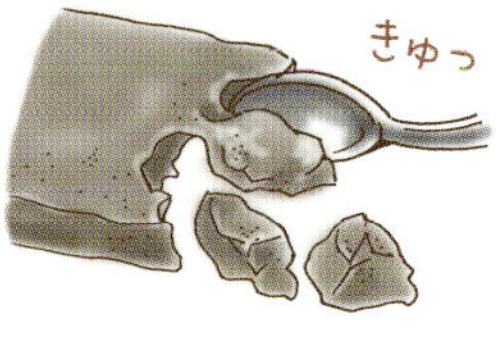

きぬさやは筋《すじ》を
取《と》りのぞいて
ななめ半分《はんぶん》に切《き》る

にんじんとれんこんは
皮《かわ》をむいて乱切《らんぎ》り

れんこんは5分《ふん》
ほど水《みず》につけて
アクぬき

6

最後《さいご》にきぬさやを入《い》れて
サッとまぜて、お皿《さら》に
もりつけたらできあがり。

落《お》としぶたをして煮汁《にじる》
がなくなるまで煮込《にこ》む

5

調味料《ちょうみりょう》を入《い》れて
弱火《よわび》で煮込《にこ》むよ。

ジョワッ

ふっとうしてきたらアクを取《と》る

「落《お》としぶた」は、鍋《なべ》より
少《すこ》し小《ちい》さなふたを材料《ざいりょう》に
のせること。これで煮汁《にじる》が
全体《ぜんたい》に行《い》きわたります。

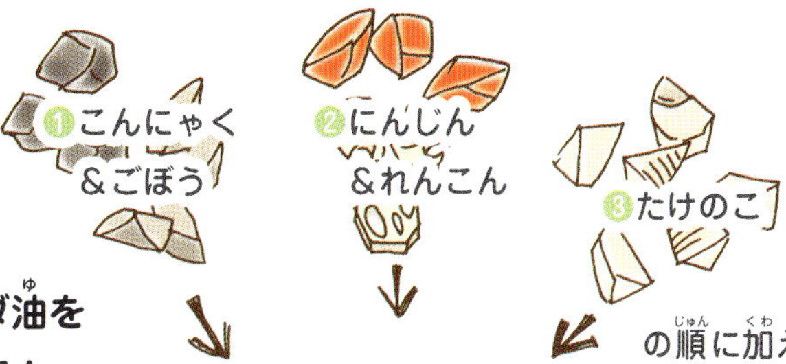
①こんにゃく
＆ごぼう
②にんじん
＆れんこん
③たけのこ

の順《じゅん》に加《くわ》えて
中火《ちゅうび》で炒《いた》める

4

さぁ、鍋《なべ》にサラダ油《ゆ》を
入《い》れて火《ひ》にかけて！
油《あぶら》が温《あたた》まったら、
とり肉《にく》から炒《いた》めるよ。

ジュー

ポイント

野菜《やさい》の大《おお》きさをそろえる
と、できあがりがきれい
に見《み》えるよ。

たけのこは熱湯《ねっとう》に
サッと通《とお》して乱切《らんぎ》り

2

とり肉《にく》を切《き》ろう。

ぎゅっ

あぶら、なん骨《こつ》を
取《と》りのぞいて、
３cmの角切《かくぎ》り

3

ボウルに調味料《ちょうみりょう》
を合《あ》わせよう。

わかめとたけのこの組《く》み合《あ》わせ

若《わか》竹《たけ》煮《に》

たけのこ、
春《はる》らしいネ！

材《ざい》　料《りょう》（4人分《にんぶん》）

ゆでたけのこ…300ｇ

ワカメ（もどし）…60ｇ

〔調味料《ちょうみりょう》〕

だし汁《じる》…300mL

さとう…小《こ》さじ1

酒《さけ》…大《おお》さじ2

うす口《くち》しょう油《ゆ》…大《おお》さじ1

塩《しお》…少々《しょうしょう》

木《き》の芽《め》…お好《この》み

つくり方《かた》

1 材料《ざいりょう》をじゅんびしよう。

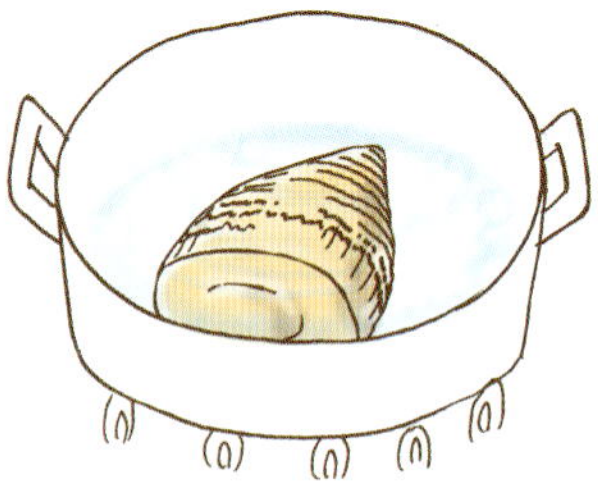

たけのこは熱湯《ねっとう》にサッと通《とお》して

先《さき》はくし形《がた》に切《き》って根元《ねもと》は半月切《はんげつぎ》り

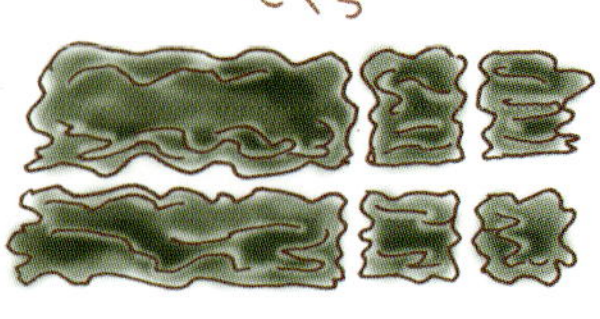
ざくっ

わかめは5cmの長《なが》さに切《き》る

2 鍋《なべ》に調味料《ちょうみりょう》とたけのこを投入《とうにゅう》！弱火《よわび》でじっくりと煮《に》るよ。

ふわぁ

生《なま》のたけのこが手《て》に入《はい》ったら

材《ざい》　料《りょう》

たけのこ…1本《ぽん》
米《こめ》ぬか…ひとつかみ
とうがらし…2、3本《ぼん》

ゆで方《かた》

1 まずはたけのこを切《き》ろう。

たけのこの先《さき》1/5をななめに切《き》り落《お》として

たけのこの中心《ちゅうしん》に向《む》かって切《き》れ目《め》を入《い》れる

2 鍋《なべ》にたけのこ、米《こめ》ぬか、とうがらし、たっぷりの水《みず》を入《い》れてゆでるよ。

落《お》としぶたをして、とちゅうで差《さ》し水《みず》もしよう

3 竹《たけ》ぐしをさして、やわらかくなっているか確認《かくにん》しよう。

やわらかくなっていたらできあがり

3 たけのこに味《あじ》がついたらわかめを加《くわ》えてサッと煮《に》よう。お皿《さら》にもりつけて木《き》の芽《め》をかざったら、できあがり！

ポイント　わかめを入《い》れるタイミングがポイント！　やわらかくなりすぎないよう、もりつける直前《ちょくぜん》に入《い》れよう。

木《き》の芽《め》は香《かお》りが出《で》るようにポンとたたいてからかざります。

ごぼうとにんじんの甘辛炒《あまからいた》め

きんぴらごぼう

食物《しょくもつ》せんい
たっぷりで、
はだに良《よ》さそう。

材《ざい》　料《りょう》（4人分《にんぶん》）

ごぼう…1本《ぼん》
にんじん…2/3本《ほん》

〔調味料《ちょうみりょう》〕

酒《さけ》…大《おお》さじ4
さとう…大《おお》さじ4
濃《こ》い口《くち》しょう油《ゆ》…大《おお》さじ4

ごま油《あぶら》…少々《しょうしょう》
一味《いちみ》とうがらし…少々《しょうしょう》
白《しろ》ごま（いり）…大《おお》さじ1

つくり方《かた》

1 材料《ざいりょう》をじゅんびしよう。

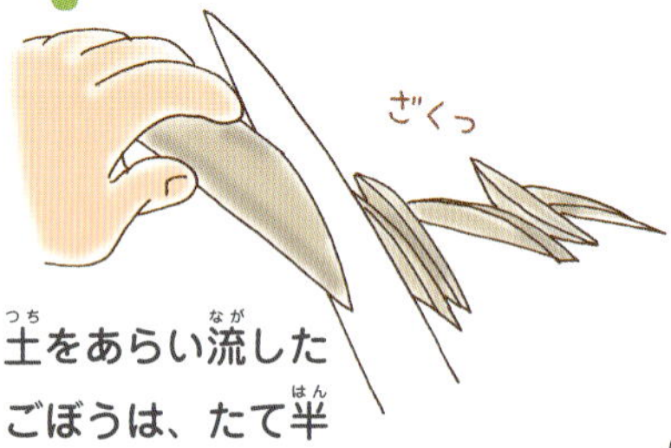
ざくっ

土《つち》をあらい流《なが》したごぼうは、たて半《はん》分《ぶん》に切《き》って、ななめ切《ぎ》り

にんじんは皮《かわ》をむいて、短冊切《たんざくぎ》り

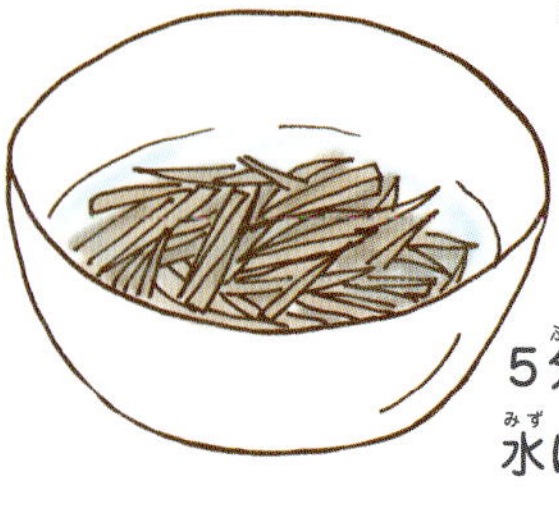

5分《ふん》ほど水《みず》につけてアクぬき

2 ボウルに調味料《ちょうみりょう》を合《あ》わせよう。

5

しんなりしたら、調味料《ちょうみりょう》を入《い》れて
強火《つよび》で一気《いっき》に煮《に》つめるよ。
一味《いちみ》とうがらしと白《しろ》ごまを加《くわ》えて、
お皿《さら》にもりつけたらできあがり。

ポイント
煮《に》つめるとき、まぜて煮《に》汁《じる》をしっかりからめよう。

ときどきまぜながら、
調味料《ちょうみりょう》の汁気《しるけ》がなくなるまで
煮《に》つめよう

4

にんじんも入《い》れて
炒《いた》めよう。

3

さぁ、フライパンにごま油《あぶら》を入《い》れて火《ひ》をつけよう。油《あぶら》が温《あたた》まったらごぼうから中火《ちゅうび》で炒《いた》めるよ。

じゅー

フランスにも
ごぼうありマス！

甘辛《あまから》で
おいしい！

とろ〜りあんのかかったかぼちゃ

かぼちゃの肉《にく》そぼろあんかけ

材《ざい》　料《りょう》（4人分《にんぶん》）

牛《ぎゅう》ひき肉《にく》…200g
かぼちゃ…1/2個《こ》
しょうが…20g

〔調味料《ちょうみりょう》〕

だし汁《じる》…800mL
酒《さけ》…100mL
さとう…大《おお》さじ4
みりん…大《おお》さじ2
うす口《くち》しょう油《ゆ》…大《おお》さじ4
濃《こ》い口《くち》しょう油《ゆ》…大《おお》さじ2

〔水《みず》とき片栗粉《かたくりこ》〕

片栗粉《かたくりこ》…大《おお》さじ2
水《みず》…大《おお》さじ4

かぼちゃはかたい
ので、切《き》るときに
気《き》をつけて！

つくり方《かた》

1 材料《ざいりょう》を
じゅんびしよう。

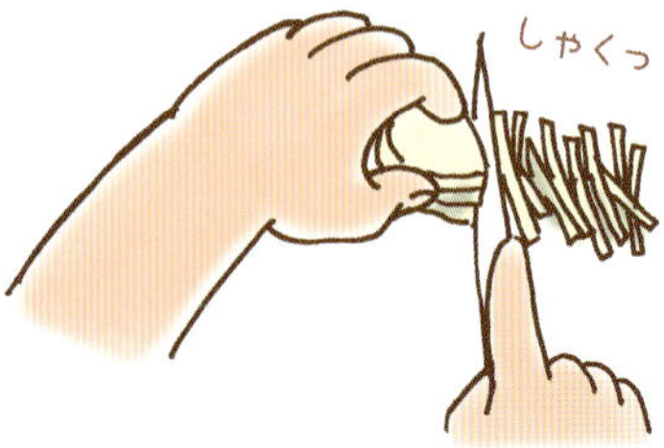
しゃくっ

しょうがは皮《かわ》を
むいて千切《せんぎ》り

かぼちゃは食《た》べやすい
大《おお》きさに切《き》って

皮《かわ》をところどころむく

5

お皿《さら》にもったかぼちゃに、
そぼろあんをかけて
できあがり。

とろ～ん

4

さぁ、あんの仕《し》上《あ》げだよ。
ふっとうさせた3の煮汁《にじる》に、
水《みず》とき片栗粉《かたくりこ》を入《い》れて
とろみをつけよう。

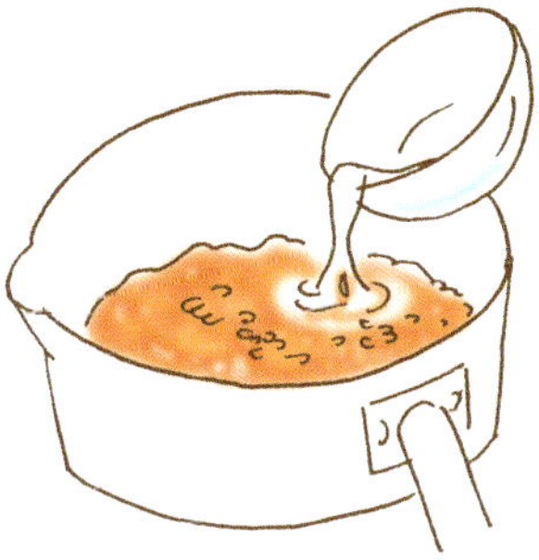

かぼちゃがやわらかく
なったら、かぼちゃだけ
お皿《さら》にもりつける
ことこと

3

いよいよかぼちゃを入《い》れるよ。
ふっとうしたらアクを
取《と》ってから落《お》としぶたをして、
弱火《よわび》で煮《に》よう。

2

鍋《なべ》に調味料《ちょうみりょう》、しょうが、
牛肉《ぎゅうにく》を入《い》れてまぜてから
中火《ちゅうび》にかけるよ。

大《おお》きな固《かた》まりができないよう、
さいばしでまぜる

じゅ～

ふっとうしてきたら
アクを取《と》ってね！

ポイント
火《ひ》をつける前《まえ》に調味料《ちょうみりょう》、しょうが、牛肉《ぎゅうにく》をしっかりまぜておこう。

切《き》り干《ぼ》しだいこんにふくまれる
カルシウムは、生《なま》のだいこんの
15倍《ばい》なんだって！

だいこんとにんじんのやさしい味《あじ》つけ

切《き》り干《ぼ》しだいこんの煮《に》もの

材《ざい》　料《りょう》（4人分《にんぶん》）

切《き》り干《ぼ》しだいこん…50g
油揚《あぶらあ》げ…1枚《まい》
にんじん…100g

〔調味料《ちょうみりょう》〕

だし汁《じる》…600mL
酒《さけ》…50mL
さとう…大《おお》さじ2
みりん…大《おお》さじ1
うす口《くち》しょう油《ゆ》…大《おお》さじ2
濃《こ》い口《くち》しょう油《ゆ》…小《こ》さじ4

つくり方《かた》

ゆでることで
臭《くさ》みを
取《と》るんだネ！

1 切《き》り干《ぼ》しだいこんのじゅんびをしよう。

2～3回水《かいみず》を変《か》えながらあらってから

たっぷりの水《みず》に15分《ふん》ほどつけてもどす

3cmの長《なが》さに切《き》って、たっぷりの水《みず》を入《い》れた鍋《なべ》でサッとゆでる

2

ほかの材料《ざいりょう》を
じゅんびしよう。

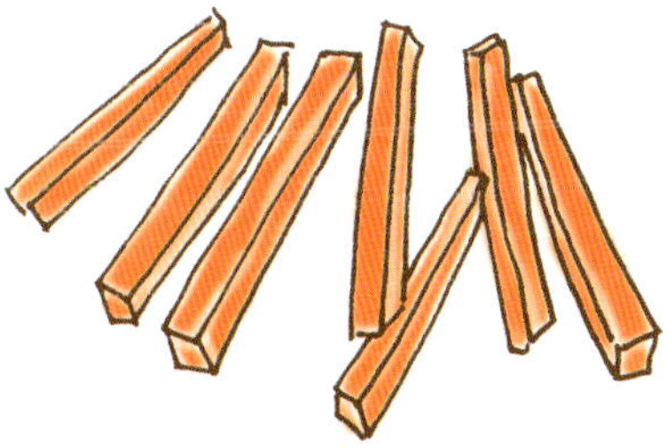

にんじんは皮《かわ》を
むいて細切《こまぎ》り

油揚《あぶらあ》げはたて半分《はんぶん》に切《き》ってから
5mmの幅《はば》に切《き》る

3

まずは調味料《ちょうみりょう》を鍋《なべ》に入《い》れて
ふっとうさせるよ。

ぷくっ

4

ふっとうしたら材料《ざいりょう》を
全部《ぜんぶ》入《い》れて、汁気《しるけ》が半分《はんぶん》に
なるまで弱火《よわび》で煮《に》よう。
お皿《さら》にもりつけてできあがり。

ことこと

ときどき
アクを取《と》ってね！

ポイント
豚《ぶた》スライス肉《にく》を1cmの幅《はば》に切《き》って、3で加《くわ》えてもおいしいよ。

野菜《やさい》の料理《りょうり》

ひじきとにんじん、ときどきお豆《まめ》

ひじきの煮《に》もの

甘《あま》くてしょっぱい
味《あじ》つけはわたしも
ダイスキ！

材《ざい》　料《りょう》（4人分《にんぶん》）

ひじき（乾燥《かんそう》）…30g
にんじん…60g
大豆《だいず》（水煮《みずに》）…80g
いんげん豆《まめ》…10本《ぽん》
油揚《あぶらあ》げ…50g

〔調味料《ちょうみりょう》〕

だし汁《じる》…300mL
うす口《くち》しょう油《ゆ》…大《おお》さじ2
さとう…大《おお》さじ2

サラダ油《ゆ》…大《おお》さじ1

つくり方《かた》

1 ひじきの
じゅんびをしよう。

ザーッ
サッとあらって
ぷか〜ん
たっぷりの水《みず》に
つけてもどして
しっかり
水気《みずけ》を切《き》る
しゃっ
しゃっ

2

ほかの材料《ざいりょう》も
じゅんびしよう。

トントンッ

にんじんは皮《かわ》をむいて
5mmの角切《かくぎ》り

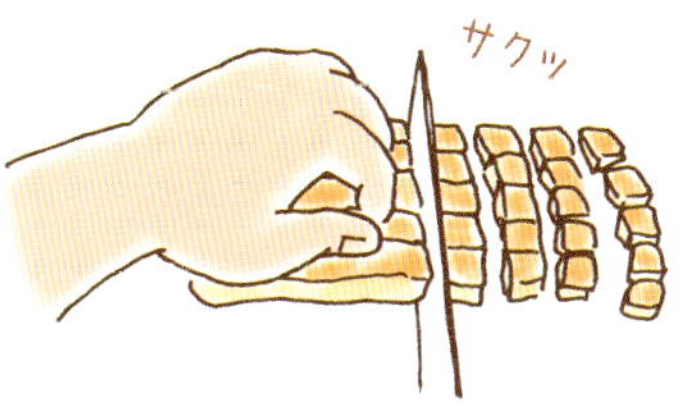
サクッ

油揚《あぶらあ》げは5mmの正方形《せいほうけい》
に切《き》る（さいの目《め》切《ぎ》り）

トンッ
トントンッ

いんげん豆《まめ》はヘタを取《と》りのぞいて1cmの幅《はば》に切《き》る

3

鍋《なべ》にサラダ油《ゆ》を入《い》れて火《ひ》に
かけよう。温《あたた》まったらひじきと
にんじんを弱火《よわび》で軽《かる》く炒《いた》めるよ。

シャーッ

4

調味料《ちょうみりょう》、大豆《だいず》、油揚《あぶらあ》げも
加《くわ》えよう。汁気《しるけ》がほとんど
なくなるまで弱火《よわび》で煮《に》るよ。

ジュワーッ

5

できあがりまであと少《すこ》し！
最後《さいご》にいんげん豆《まめ》を加《くわ》えて
火《ひ》を通《とお》すよ。お皿《さら》にもりつ
けてできあがり。

ポイント
3でとりモモ肉《にく》を1cm
の角切《かくぎ》りにして加《くわ》えても
おいしいよ。

できたひじきの煮《に》ものを
ごはんにまぜて食《た》べるの
大好《だいす》き！

味《あじ》がしみ込《こ》む〜！ 揚《あ》げなすのサッと煮《に》

なすの揚《あ》げ煮《に》

夏《なつ》は賀茂《かも》なすで
つくるのも
おいしいです。

材《ざい》　料《りょう》（4人分《にんぶん》）

長《なが》なす…4個《こ》
青《あお》とうがらし…8本《ぼん》

〔調味料《ちょうみりょう》〕

だし汁《じる》…500mL
濃《こ》い口《くち》しょう油《ゆ》…大《おお》さじ4
さとう……大《おお》さじ3

揚《あ》げ油《あぶら》…適量《てきりょう》
だいこんおろし…お好《この》み
しょうがおろし…お好《この》み

つくり方《かた》

1 なすの じゅんびをしよう。

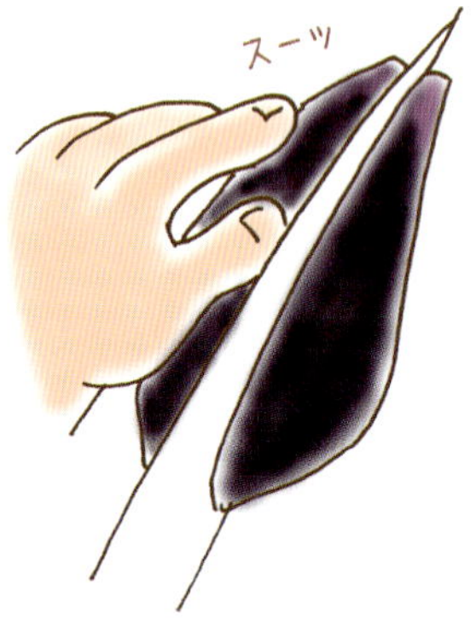

ヘタを取《と》ったなすは
たて半分《はんぶん》に切《き》ってから

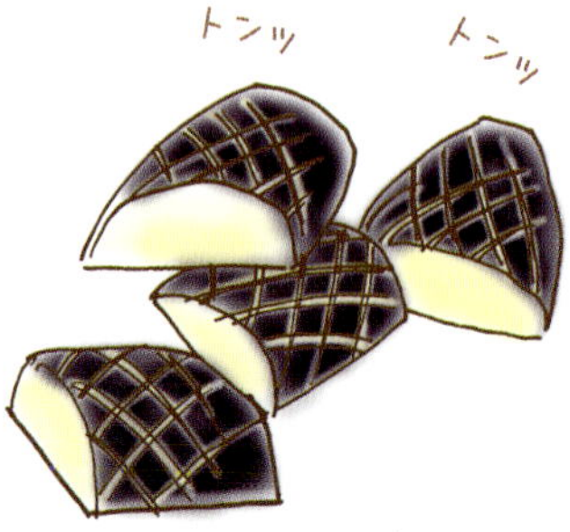

皮《かわ》に切《き》り込《こ》みを入《い》れて、
食《た》べやすい大《おお》きさに切《き》って

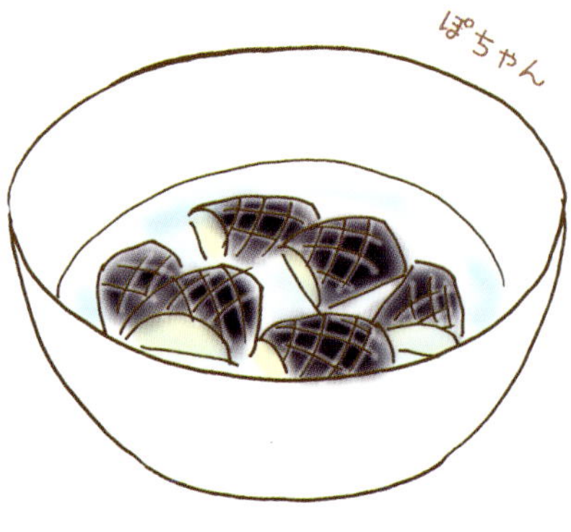

水《みず》にサッと通《とお》して
水気《みずけ》を切《き》る

6

いよいよ仕上《しあ》げ。お皿《さら》に長《なが》なすと青《あお》とうがらしをもりつけよう。

すりおろしただいこんと
しょうがを上《うえ》にのせて

鍋《なべ》に残《のこ》った調味料《ちょうみりょう》をかけてできあがり

5

鍋《なべ》に調味料《ちょうみりょう》を入《い》れて熱《あつ》くなったところに、長《なが》なすと青《あお》とうがらしを入《い》れて中火《ちゅうび》でサッと煮《に》よう。

4

長《なが》なすを色《いろ》よく揚《あ》げて取《と》り出《だ》そう。

ジャーッ

ポイント
なすを揚《あ》げるとき、皮《かわ》を下《した》にして揚《あ》げると色《いろ》がきれいに仕上《しあ》がるよ。

3

青《あお》とうがらしを揚《あ》げよう。

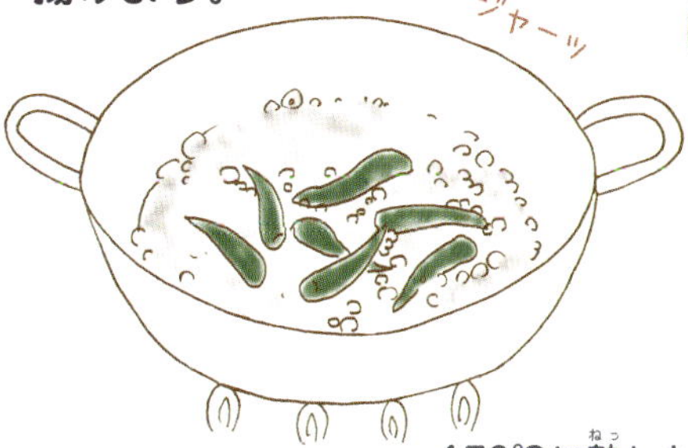
ジャーッ

170℃に熱《ねっ》した揚《あ》げ油《あぶら》で、
素《す》揚《あ》げにして取《と》り出《だ》す

「素《す》揚《あ》げ」は
材料《ざいりょう》をそのまま
揚《あ》げることよ。

2

ほかの材料《ざいりょう》もじゅんびしよう。

プチッ

青《あお》とうがらしは
ヘタを取《と》って、
空気穴《くうきあな》を開《あ》ける

だいこんは
皮《かわ》をむいて
すりおろして

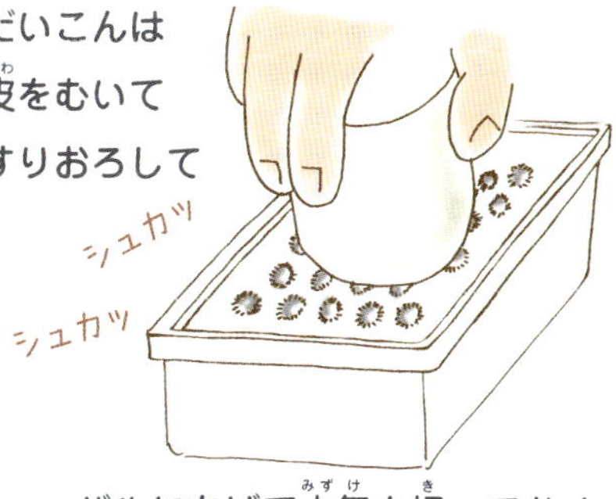
シュカッ
シュカッ

ザルにあげて水気《みずけ》を切《き》っておく

ズリッ
ズリッ

しょうがは皮《かわ》を
むいてすりおろす

野菜《やさい》の料理《りょうり》

ほうれん草《そう》ととうふのやわらかまぜ

青《あお》菜《な》の白《しら》和《あ》え

白和《しらあ》えは、ほうれん草《そう》の
ほか小松菜《こまつな》やにんじん
でもできるよ。

材《ざい》 料《りょう》（4人分《にんぶん》）

ほうれん草《そう》…1束《たば》
塩《しお》…少々《しょうしょう》

〔和《あ》え衣《ごろも》〕

もめんどうふ…1/2丁《ちょう》
すりごま(白《しろ》）…大《おお》さじ1
さとう…大《おお》さじ1
うす口《くち》しょう油《ゆ》…小《こ》さじ2
塩《しお》…少々《しょうしょう》

つくり方《かた》

1 ほうれん草《そう》の じゅんびをしよう。

ぼこっ
ぼこっ

根《ね》を切《き》ってしっかりあらってから、塩《しお》を入《い》れた熱湯《ねっとう》に根元《ねもと》から入《い》れて

根元《ねもと》が曲《ま》がりやすくしんなりしたら、葉《は》まで入《い》れてサッとゆでる

すぐに冷《つめ》たい水《みず》にさらし

ザーッ

きゅっ
きゅっ

水気《みずけ》をしぼる

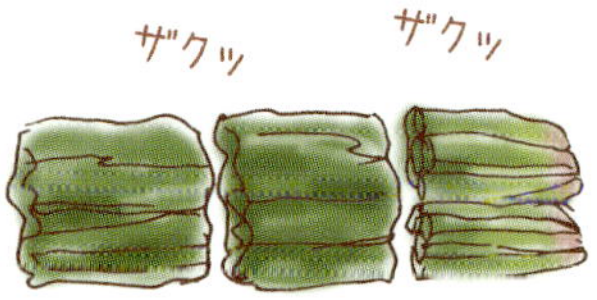

ザクッ
ザクッ

3cmの長《なが》さに切《き》っておく

5

食《た》べる直前《ちょくぜん》、和《あ》え衣《ごろも》に
ほうれん草《そう》を入《い》れてまぜよう。
お皿《さら》にもりつけてできあがり。

和《あ》え衣《ごろも》とほうれん草《そう》を合体《がったい》！

4

すりごま、さとう、
うす口《くち》しょう油《ゆ》、塩《しお》を
加《くわ》えて、さらにする。

ポイント
とうふの水切《みずき》りで水分《すいぶん》を
しっかりぬこう。

3

和《あ》え衣《ごろも》を
つくろう。

こねこね

水切《みずき》りしたとうふを、すりばちに
入《い》れてすりつぶす

2

もめんどうふの
水切《みずき》りをしよう。

ずーんっ

キッチンペーパーなどで
とうふを包《つつ》んで、上《うえ》にお皿《さら》
と水《みず》を入《い》れたボウルなどを
20分《ぷん》ほどのせておく

重《おも》みで
余分《よぶん》な水気《みずけ》を
取《と》るよ。

お肉《にく》とじゃがいもの甘《あま》辛《から》煮《に》込《こ》み

肉《にく》じゃが

春《はる》は新《しん》じゃがで
つくると
おいしいです。

材《ざい》　料《りょう》（4人分《にんぶん》）

- 牛《ぎゅう》スライス肉《にく》…300ｇ
- たまねぎ…1/2個《こ》
- じゃがいも（メークイン）…２個《こ》
- にんじん…1/3本《ぼん》
- 糸《いと》こんにゃく…100ｇ
- いんげん豆《まめ》…４本《ほん》

〔調味料《ちょうみりょう》〕

- だし汁《じる》…760mL
- みりん…大《おお》さじ2
- さとう…大《おお》さじ4
- うす口《くち》しょう油《ゆ》…40mL
- 濃《こ》い口《くち》しょう油《ゆ》…50mL

- サラダ油《ゆ》…小《こ》さじ2

つくり方《かた》

1 じゃがいものじゅんびをしよう。

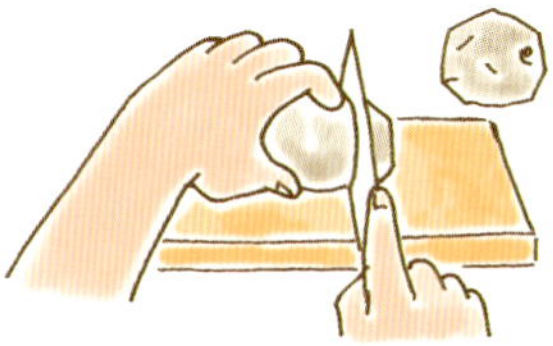

皮《かわ》をむいて一口《ひとくち》の大《おお》きさに切《き》って

ちゃぽ〜ん

サッと水《みず》につけて

フキッ

水気《みずけ》を取《と》る

2 糸《いと》こんにゃくのじゅんびをしよう。

サッとゆでて

ザルにあげて

ざぱ〜ん

同《おな》じ長《なが》さに切《き》る

6

じゃがいもがやわらかくなったら、
いんげん豆《まめ》を入《い》れて火《ひ》を通《とお》そう。
お皿《さら》にもりつけてできあがり！

5

ここで調味料《ちょうみりょう》を入《い》れよう！
中火《ちゅうび》で煮込《にこ》むよ。

ポイント
できあがる直前《ちょくぜん》、あまり
はしでかきまぜない！

4

鍋《なべ》にサラダ油《ゆ》を入《い》れて火《ひ》にかけよう。
温《あたた》まったら、牛肉《ぎゅうにく》を投入《とうにゅう》！ 軽《かる》く
炒《いた》めたあと、たまねぎ、じゃがいも、
にんじん、糸《いと》こんにゃくを入《い》れて、
中火《ちゅうび》でさらに炒《いた》めよう。

3

ほかの材料《ざいりょう》も
じゅんびしよう。

にんじんは皮《かわ》を
むいて乱切《らんぎ》り

たまねぎは
皮《かわ》をむいて芯《しん》を取《と》り、
あつめのくし形《がた》切《ぎ》り

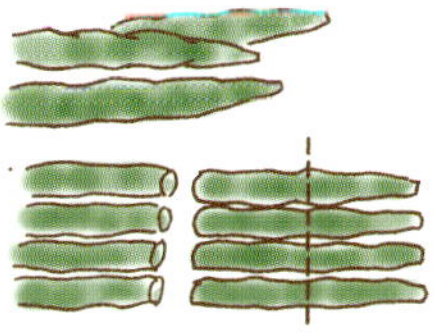

いんげん豆《まめ》はヘタを
取《と》って4cmの
長《なが》さに切《き》る

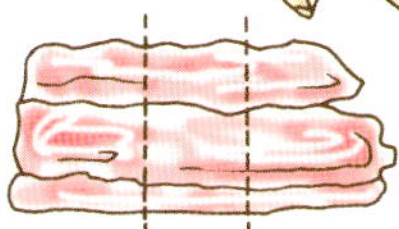

牛肉《ぎゅうにく》は3cmの
長《なが》さに切《き》る

肉《にく》じゃがって
ごはんが進《すす》むね！

肉《にく》と魚《さかな》の料理《りょうり》

キャベツがよく合《あ》うね。

しょうがでピリッと豚肉焼《ぶたにくや》き

豚《ぶた》のしょうが焼《や》き

材《ざい》　料《りょう》（4人分《にんぶん》）

豚《ぶた》ロース肉《にく》…480g
しょうが…20g
キャベツ…1/4個《こ》
トマト…1個《こ》

〔調味料《ちょうみりょう》〕

濃《こ》い口《くち》しょう油《ゆ》…50mL
酒《さけ》…大《おお》さじ2
さとう…大《おお》さじ1

サラダ油《ゆ》…大《おお》さじ1

つくり方《かた》

1 まずはタレをつくろう。

ズリッ
ズリッ

しょうがは皮《かわ》をむいてすりおろして

しょうがのいいにおい～！

ボウルに調味料《ちょうみりょう》とすったしょうがを入《い》れてまぜる

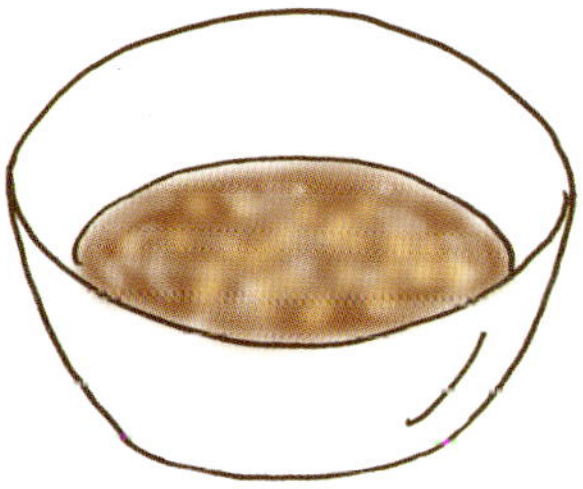

4 調味料《ちょうみりょう》を加《くわ》えてからめよう。

じゅわ〜っ

お皿《さら》に豚肉《ぶたにく》、キャベツ、トマトをもりつけてできあがり

ポイント
調味料《ちょうみりょう》を加《くわ》えるときは、一度《いちど》火《ひ》を消《け》してから入《い》れると飛《と》び散《ち》らないよ。

3 さぁいよいよ豚肉《ぶたにく》を焼《や》くよ。

じゅ〜っ

フライパンにサラダ油《ゆ》を入《い》れて火《ひ》にかけ、温《あたた》まったら中火《ちゅうび》で両面《りょうめん》焼《や》く

2 いっしょに食《た》べるとおいしい！キャベツとトマトをじゅんびしよう。

キャベツの芯《しん》を取《と》って千切《せんぎ》りにして

トントントンッ

軽《かる》く水《みず》につけてシャキッとさせる

ザルで水気《みずけ》を切《き》る

ザバーッ

トマトはヘタの部分《ぶぶん》を取《と》って

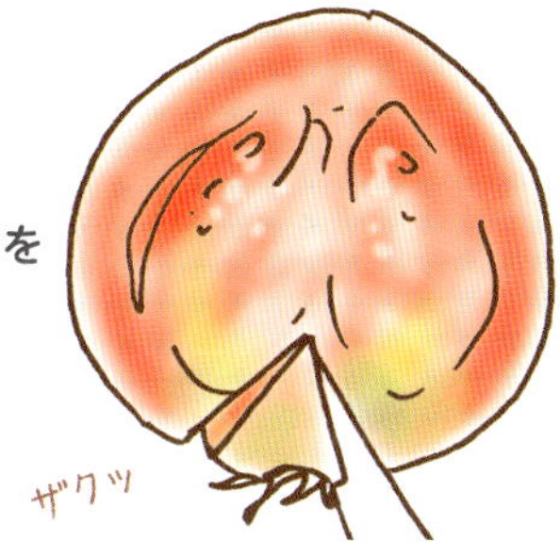
ザクッ

くし形《がた》切《ぎ》り

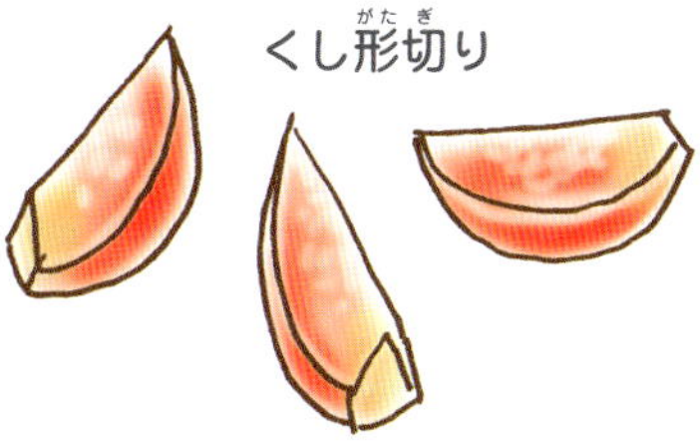

ごはんの上《うえ》にのせると
とりどんぶりに
なるわね。

とり肉《にく》のピリ辛《から》

とりのさんしょう焼《や》き

材《ざい》　料《りょう》（4人分《にんぶん》）

とりモモ肉《にく》…２枚《まい》
青《あお》とうがらし…８本《ぼん》
薄力粉《はくりきこ》…大《おお》さじ４

〔調味料《ちょうみりょう》〕

酒《さけ》…大《おお》さじ２
みりん…大《おお》さじ２
濃《こ》い口《くち》しょう油《ゆ》…大《おお》さじ２
粉《こな》さんしょう…小《こ》さじ1/2

サラダ油《ゆ》…小《こ》さじ４

つくり方《かた》

1 材料《ざいりょう》を
じゅんびしよう。

かしゃかしゃ

ボウルに調味料《ちょうみりょう》をまぜる

青《あお》とうがらしの
ヘタを取《と》る

トンツ

とり肉《にく》は、あぶら、
なん骨《こつ》を取《と》って、
食《た》べやすい大《おお》きさに切《き》る

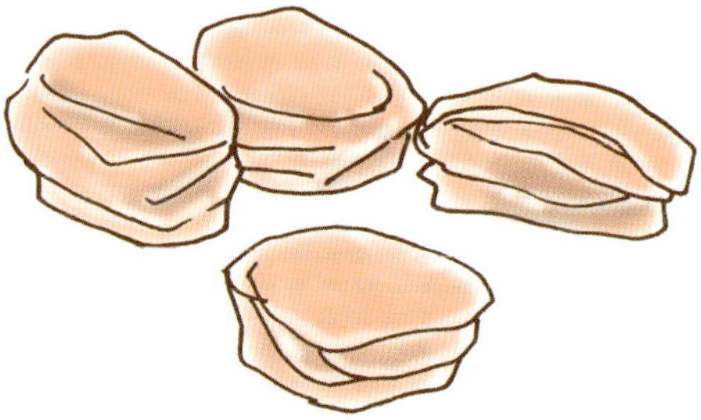

4

最後《さいご》に調味料《ちょうみりょう》を加《くわ》えて
強火《つよび》で煮《に》つめたら、
お皿《さら》にもりつけて
できあがり。

たらーっ
ジュー

ポイント
煮《に》つめすぎてこげないように注意《ちゅうい》しよう。

3

青《あお》とうがらしも加《くわ》えて
中火《ちゅうび》で色《いろ》よく焼《や》こう。

ジュワー

2

さぁ、
とり肉《にく》を焼《や》こう。

とり肉《にく》に薄力粉《はくりきこ》をまぶして

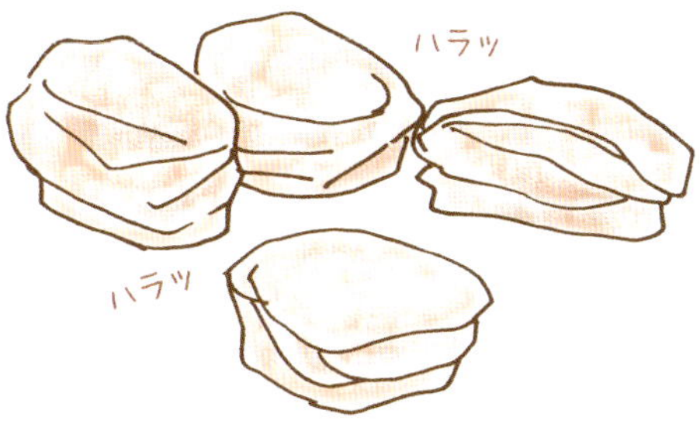
ハラッ
ハラッ

ジュー
ジュー

フライパンにサラダ油《ゆ》を入《い》れて
火《ひ》にかけ、温《あたた》まったらとり肉《にく》を入《い》れ、
両面《りょうめん》に焼《や》き色《いろ》がつくまで弱火《よわび》で焼《や》く

少《すこ》しあま～いみそ味《あじ》のサケ

サケの西京焼《さいきょうや》き

サワラで
つくっても
おいしいデス！

材《ざい》　料《りょう》（4人分《にんぶん》）

サケ（切《き》り身《み》）…4枚《まい》

〔調味料《ちょうみりょう》〕

白《しろ》みそ…300g
酒《さけ》…大《おお》さじ1.5
みりん…大《おお》さじ3
さとう…小《こ》さじ2

つくり方《かた》

1 サケを西京《さいきょう》みそにつけておこう。〈1日前《にちまえ》〉

カシャカシャ

ボウルに調味料《ちょうみりょう》を合《あ》わせて

調味料《ちょうみりょう》の半分《はんぶん》をバットに広《ひろ》げ、
ガーゼをしいた上《うえ》に
サケをのせる

4

魚《さかな》焼《や》き器《き》の弱火《よわび》で
じっくり焼《や》いて、
できあがり。

こげそうな部分《ぶぶん》には
アルミはくを
小《ちい》さく切《き》って巻《ま》くと、
こげにくくなるよ。

3

サケを
取《と》り出《だ》そう。

ポイント

こげないように、手《て》やペーパータオルでみそをきれいにふき取《と》ってから焼《や》こう。

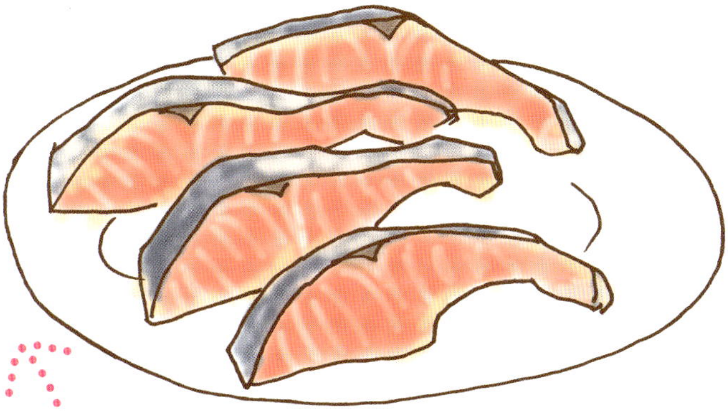

2

お休《やす》み。

24時間《じかん》くらい
冷蔵庫《れいぞうこ》に
入《い》れておく

サケの上《うえ》にもガーゼをのせて、
残《のこ》りの調味料《ちょうみりょう》をのせる

みその風味《ふうみ》が
やさしいね。

サバのやわらかみそ煮込《にこ》み

サバのみそ煮《に》

材《ざい》　料《りょう》（4人分《にんぶん》）

サバ(切《き》り身《み》）…4枚《まい》
しょうが…20g

〔調味料《ちょうみりょう》〕

Ⓐ
水《みず》…300mL
（二番《にばん》だし汁《じる》でも可《か》）
酒《さけ》…100mL
さとう…大《おお》さじ2

Ⓑ
白《しろ》みそ…80g
赤《あか》みそ…15g

つくり方《かた》

1 材料《ざいりょう》を
じゅんびしよう。

トントンッ

しょうがは皮《かわ》を
むいてうす切《ぎ》り

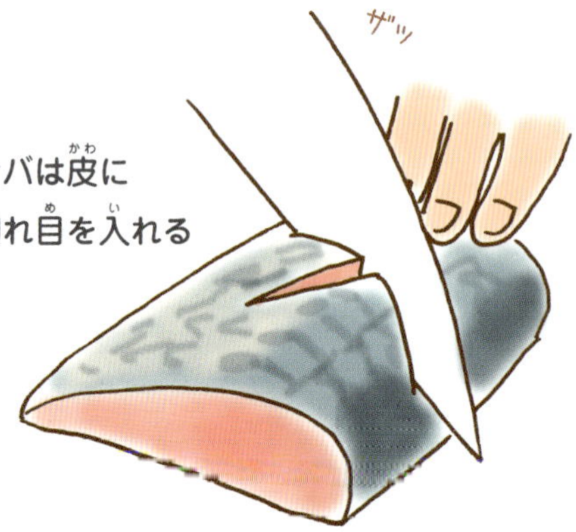
ザッ

サバは皮《かわ》に
切《き》れ目《め》を入《い》れる

切《き》れ目《め》を入《い》れて
味《あじ》がしみ込《こ》み
やすくするのね！

4

さぁ、仕上《しあ》げに
調《ちょう》味《み》料《りょう》Bを入《い》れよう。

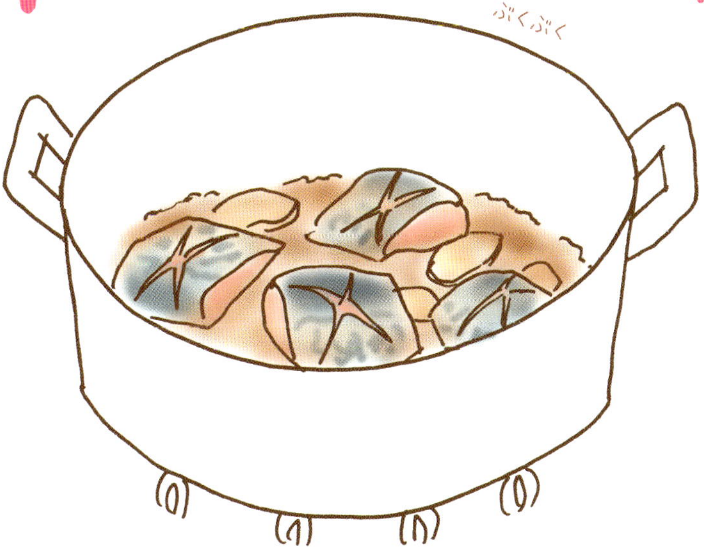
ぶくぶく

中《ちゅう》火《び》でとろとろになるまで煮込《にこ》んだらできあがり

ポイント
こがさないように
注意《ちゅうい》しよう。

3

サバとしょうがを加《くわ》えて
中《ちゅう》火《び》で火《ひ》を通《とお》そう。

2

鍋《なべ》に調《ちょう》味《み》料《りょう》Aを入《い》れて
ふっとうさせよう。

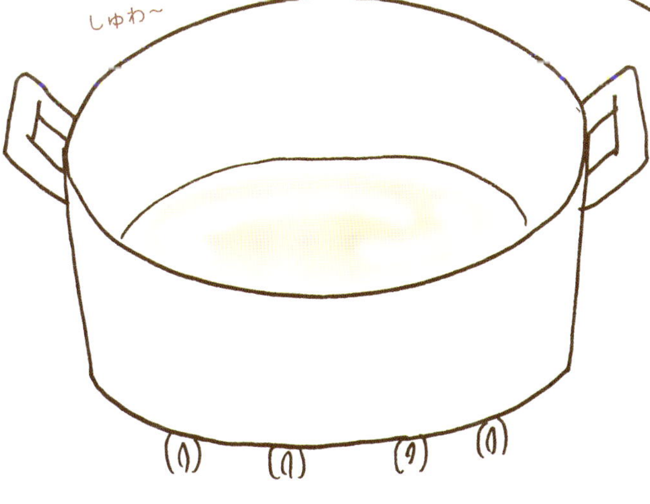
しゅわ〜

しょうがを入《い》れる
ことで魚《さかな》の臭《くさ》みを
おさえるんだね。

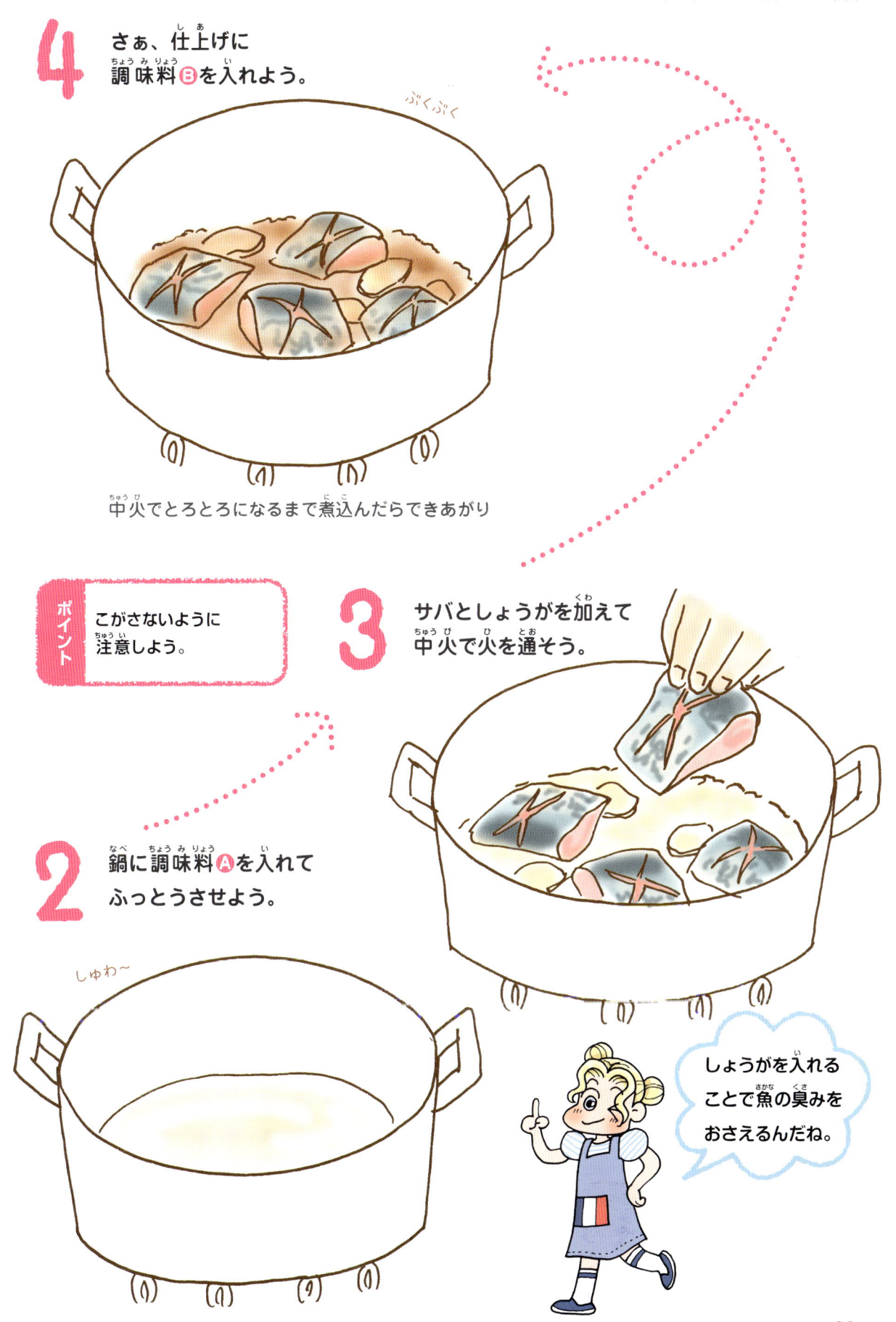

ブリとだいこんの甘辛煮《あまからに》

ブリだいこん

ブリが
旬《しゅん》の冬《ふゆ》に
おいしい！

材《ざい》　料《りょう》（4人分《にんぶん》）

ブリ（切《き》り身《み》）…300g
だいこん…500g
水《みず》…800mL
（二番《にばん》だし汁《じる》でも可《か》）
しょうが…10g

〔調味料《ちょうみりょう》〕

濃《こ》い口《くち》しょう油《ゆ》…大《おお》さじ3
酒《さけ》…大《おお》さじ1
みりん…大《おお》さじ3
さとう…大《おお》さじ1

つくり方《かた》

1 材料《ざいりょう》を
じゅんびしよう。

しょうがは
皮《かわ》をむいてうす切《ぎ》り

トントン

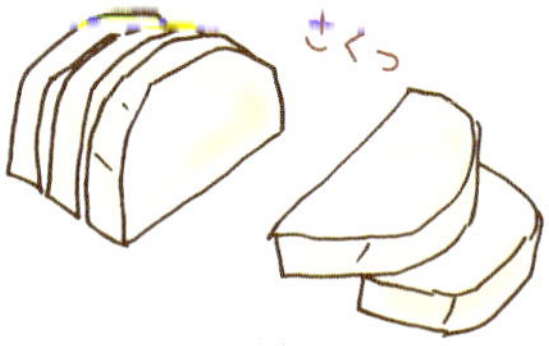
さくっ

だいこんは皮《かわ》をむいて
1.5cm幅《はば》の半月切《はんげつぎ》り

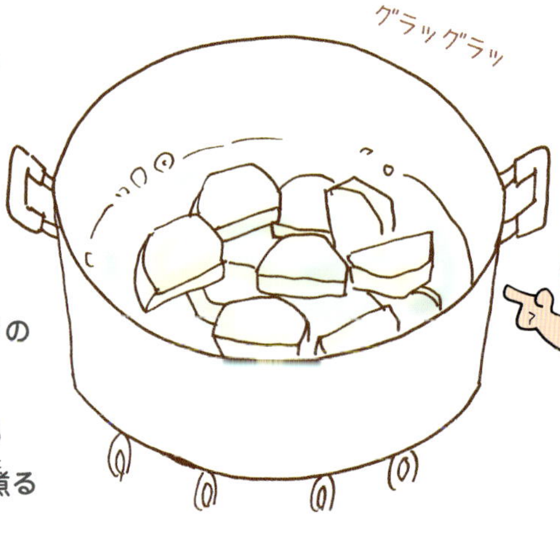
グラッグラッ

だいこんは水《みず》の
うちから鍋《なべ》に入《い》れて
火《ひ》をつけてね。

だいこんとたっぷりの
水《みず》を鍋《なべ》に入《い》れて、
ふっとうさせてから
弱火《よわび》で30分《ぷん》くらい煮《に》る

4 だいこん、しょうが、調味料《ちょうみりょう》を入《い》れて、さらに煮込《にこ》もう。

ことことこと

水分《すいぶん》が半分《はんぶん》くらいになるまで
煮込《にこ》んだらできあがり

ポイント
霜降《しもふ》りのとき、
ブリはきれいにあらおう。

3 鍋《なべ》に材料《ざいりょう》の水《みず》とブリを入《い》れて弱火《よわび》で煮込《にこ》み開始《かいし》！

ぶわ〜

ふっとうさせてアクは取《と》る

2 ブリのじゅんびをしよう。

「霜降《しもふ》り」という
作業《さぎょう》です。魚《さかな》の臭《くさ》みや
ぬめりを取《と》ります。

ブリを食《た》べやすい
大《おお》きさに切《き》って

ぶくっぶくっ

鍋《なべ》でわかした熱湯《ねっとう》に
サッと入《い》れて

ちゃぷっ
ちゃぷっ

水《みず》を入《い》れたボウルに
取《と》り出《だ》しあらう

汁《しる》もの

和食《わしょく》の味《あじ》の決《き》め手《て》！

だしの取《と》り方《かた》とみそ

これが
一番《いちばん》だし
なのね！

一番《いちばん》だし

材《ざい》　料《りょう》

水《みず》…2L
こんぶ…30g
かつお節《ぶし》…35g

取《と》り方《かた》

1　まずはこんぶから！

シュッ
シュッ

こんぶの表面《ひょうめん》を固《かた》くしぼったぬれふきんでふいて

鍋《なべ》に水《みず》とこんぶを入《い》れて中火《ちゅうび》にかけて

でれ〜ん

85℃くらいになったらこんぶを取《と》り出《だ》す

ふっとう
させない
ように。

アクを取《と》る

2　次《つぎ》にかつお節《ぶし》。

90℃くらいになったらかつお節《ぶし》を一気《いっき》に入《い》れて

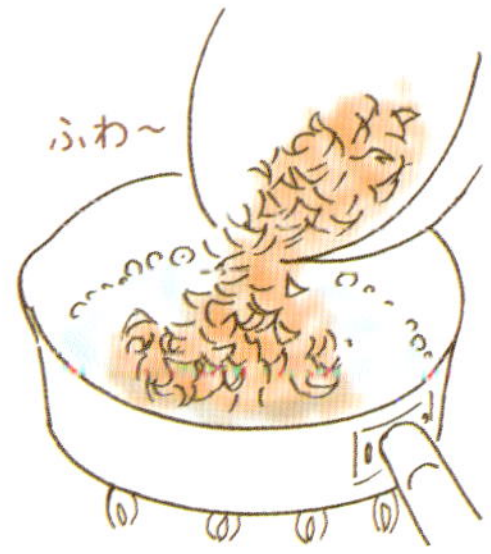
ふわ〜

しずんだら、火《ひ》を止《と》める

3　さぁ、こしてみよう。

目《め》の細《こま》かいふきんなどを、ザルをのせたボウルにかけて、こす

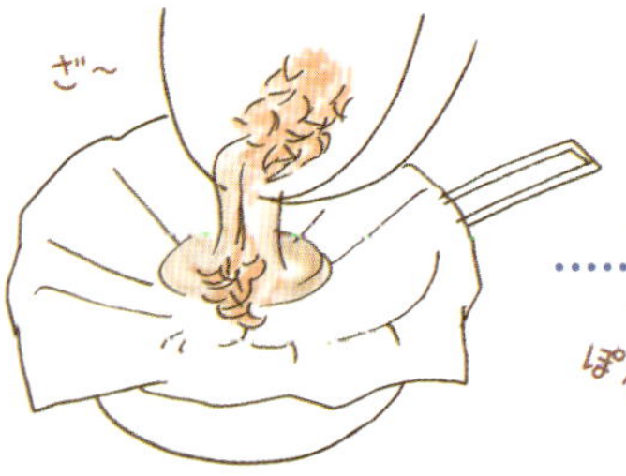
ざ〜

ぽたぽたぽた

そっとふきんを持《も》ち上《あ》げて

ポイント　このとき、しぼらないように！

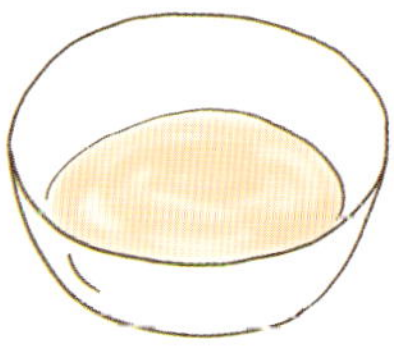

できあがり

二番《にばん》だし

材《ざい》　料《りょう》

一番《いちばん》だしを取《と》ったこんぶとかつお節《ぶし》

水《みず》…1.8L
かつお節《ぶし》…5g

取《と》り方《かた》

1 鍋《なべ》に水《みず》、一番《いちばん》だしを取《と》ったこんぶとかつお節《ぶし》を入《い》れて火《ひ》にかける

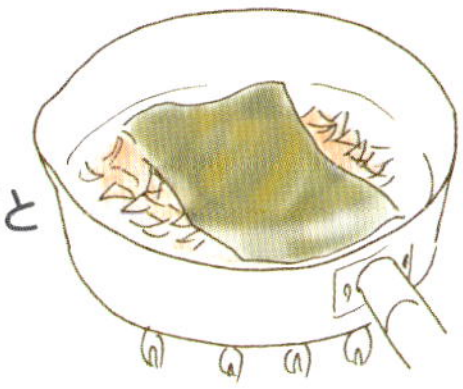

2 ふっとうしたら、かつお節《ぶし》をたして弱火《よわび》にする

さらに10～15分《ふん》煮出《にだ》す

3 目《め》の細《こま》かいふきんなどでこしてできあがり

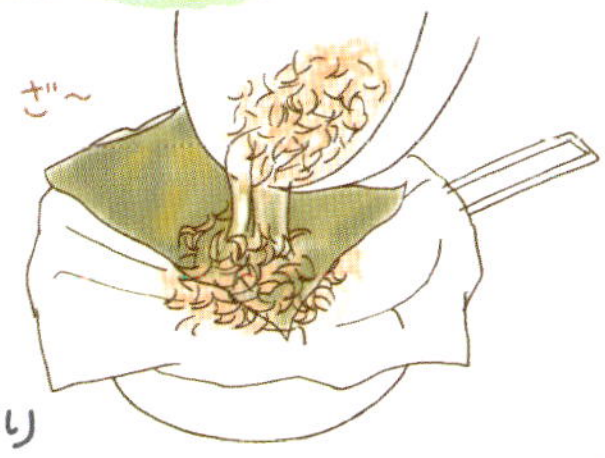

二番《にばん》だしはしぼってもいいです。

にぼしのだし

材《ざい》　料《りょう》

水《みず》…1.8L
にぼし…50g

取《と》り方《かた》

1 にぼしの頭《あたま》と内臓《ないぞう》を取《と》って

2 水《みず》といっしょに鍋《なべ》に入《い》れて火《ひ》にかける

ふっとうしたらアクを取《と》って、さらに5～6分《ぶん》煮出《にだ》す

3 目《め》の細《こま》かいふきんなどでこしてできあがり

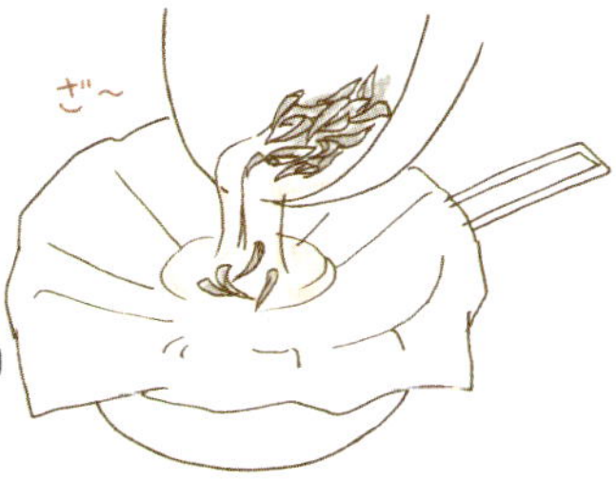

みその種類《しゅるい》

白《しろ》みそ

熟成期間《じゅくせいきかん》が短《みじか》いので、塩分《えんぶん》濃度《のうど》が低《ひく》く、色《いろ》もうすい。甘《あま》さを生《い》かした酢《す》みそ和《あ》えや白《しろ》みそ仕立《じた》てのみそ汁《しる》、田楽《でんがく》などに使《つか》われる。

赤《あか》みそ

熟成期間《じゅくせいきかん》が長《なが》いので、塩分《えんぶん》濃度《のうど》が高《たか》く、色《いろ》が濃《こ》い。コクを生《い》かして赤《あか》だしのみそ汁《しる》やみそ煮込《にこ》みうどん、懐石料理《かいせきりょうり》に使《つか》われる。

淡色《あわいろ》みそ

甘口《あまくち》から辛口《からくち》まで種類《しゅるい》が豊富《ほうふ》で、味《あじ》は白《しろ》みそと赤《あか》みその中間《ちゅうかん》。お店《みせ》で売《う》られているみその多《おお》くはこのみそ。みそ汁《しる》からみそ煮《に》まで、どんな料理《りょうり》にも使《つか》える。

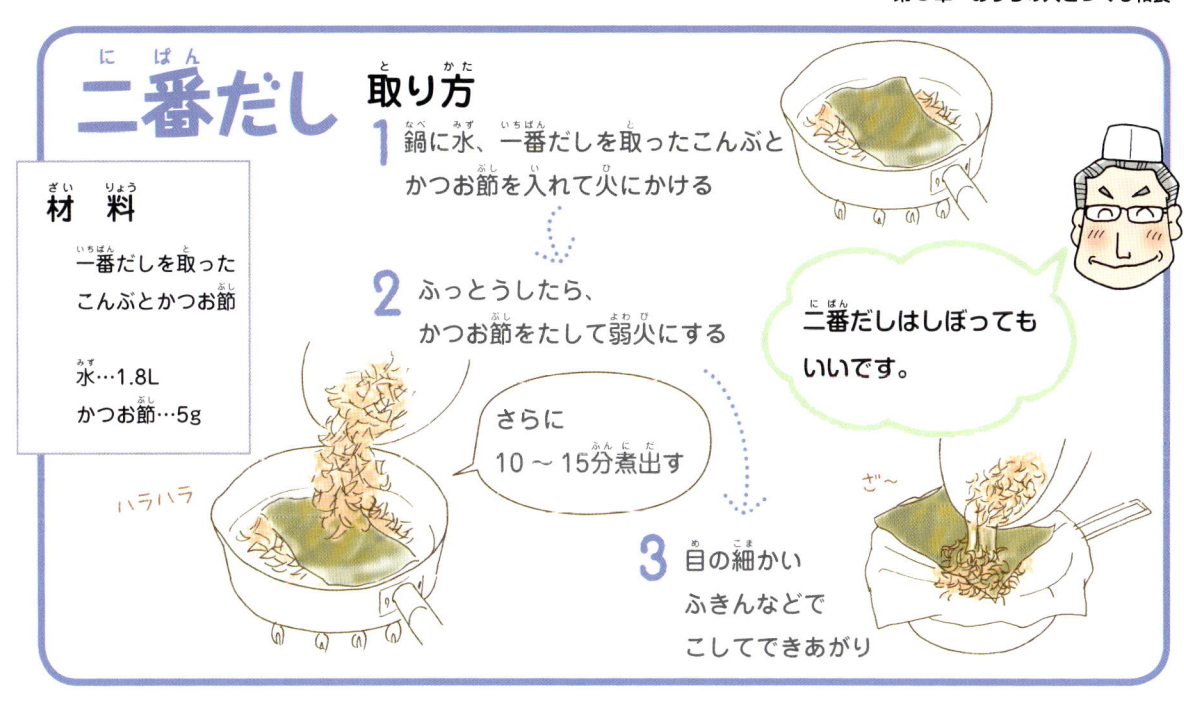

汁《しる》もの

具《ぐ》がいっぱい！ のみそ汁《しる》

豚汁《とんじる》

材《ざい》　料《りょう》（4人分《にんぶん》）

だいこん…80g
にんじん…50g
油揚《あぶらあ》げ…1/3枚《まい》
里《さと》いも…4個《こ》
豚《ぶた》スライス肉《にく》…100g
青《あお》ねぎ…1本《ぽん》

〔調味料《ちょうみりょう》〕

だし汁《じる》…700mL
赤《あか》みそ…50g

つくり方《かた》

1 材料《ざいりょう》を
じゅんびしよう。

だいこんとにんじんは、
皮《かわ》をむいて
小《ちい》さめの乱切《らんぎ》り

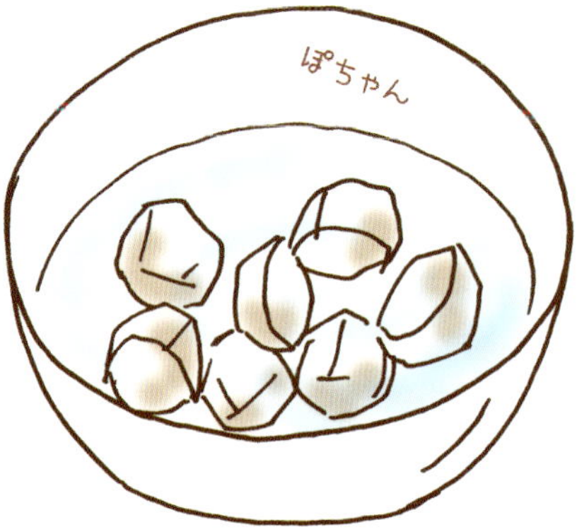

油揚《あぶらあ》げは
短冊切《たんざくぎ》り

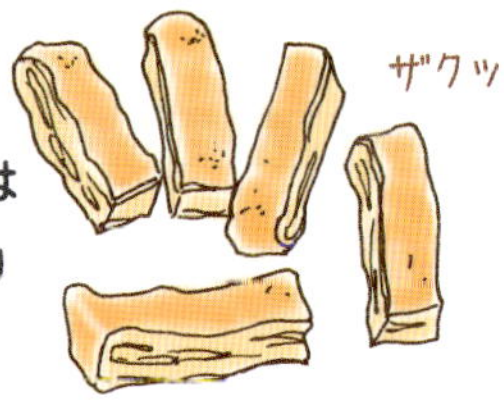

里《さと》いもは皮《かわ》をむいて、
てきとうな大《おお》きさに
切《き》って水《みず》につける

4 とかしたみそを鍋《なべ》に入《い》れよう。

おわんについで青《あお》ねぎを
のせたらできあがり

ポイント
風味《ふうみ》が飛《と》ばないように、みそを入《い》れたあとは煮込《にこ》まない！

3 具《く》が煮《に》えたら完成《かんせい》まであと少《すこ》し！赤《あか》みそを入《い》れたボウルに、鍋《なべ》から少《すこ》し汁《しる》を取《と》ってみそをとかそう。

2 鍋《なべ》にだし汁《じる》、豚肉《ぶたにく》、だいこん、にんじん、油揚《あぶらあ》げ、里《さと》いもを入《い》れて火《ひ》にかけるよ。

やわらかくなるまで煮《に》る

青《あお》ねぎは小口《こくち》切《ぎ》りにして

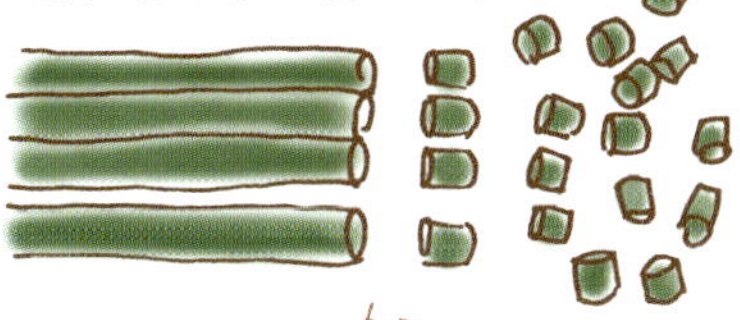

水《みず》にさらしたあと、
水気《みずけ》を切《き》る

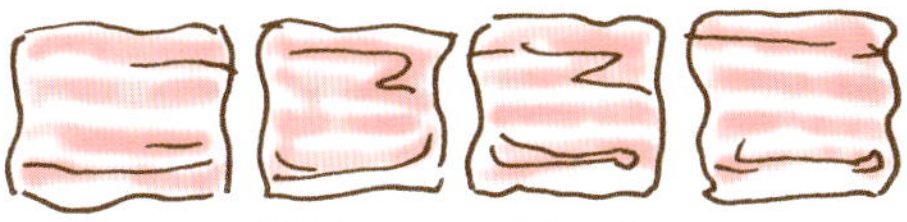

豚肉《ぶたにく》は２cm幅《はば》に切《き》る

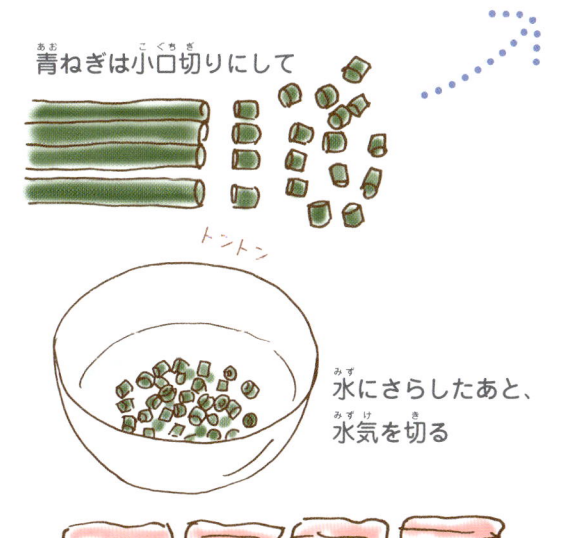

卵《たまご》のおすいものと酒《さけ》かすの汁《しる》もの

汁《しる》ものいろいろ

おすいものには
一番《いちばん》だし汁《じる》を
使《つか》うんだね。

かきたま汁《じる》

材《ざい》　料《りょう》（4人分《にんぶん》）

卵《たまご》…2個《こ》
みつ葉《ば》…1/5束《たば》

〔調味料《ちょうみりょう》〕

一番《いちばん》だし汁《じる》…800mL
うす口《くち》しょう油《ゆ》…小《こ》さじ1
塩《しお》…少々《しょうしょう》

つくり方《かた》

1 材料《ざいりょう》を
じゅんびしよう。

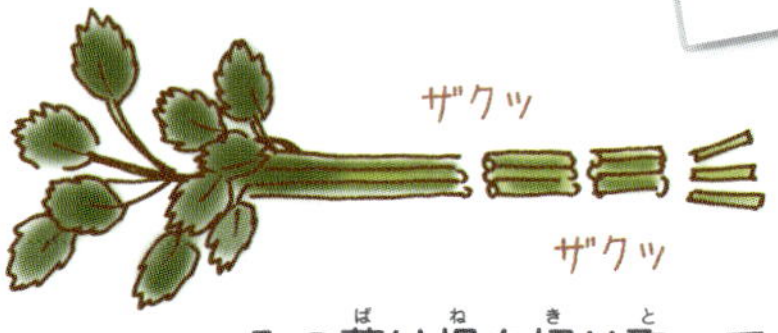

ザクッ
ザクッ

みつ葉《ば》は根《ね》を切《き》り取《と》って
2cmの長《なが》さに切《き》る

かしゃっ

ボウルに卵《たまご》を入《い》れてまぜる

2 鍋《なべ》に一番《いちばん》だし汁《じる》を入《い》れて
弱火《よわび》にかけるよ。
うす口《くち》しょう油《ゆ》・塩《しお》で味《あじ》を
ととのえよう。

トロトロ

ポイント
ふっとうしているところに卵《たまご》を入《い》れるときれいにできるよ。

3 少《すこ》しふっとうさせたら、
卵《たまご》を入《い》れるよ。

糸《いと》をたらすように
卵《たまご》を流《なが》し入《い》れて
とろ〜ん

火《ひ》を止《と》めふたをして
余熱《よねつ》で卵《たまご》に火《ひ》を通《とお》す。
おわんにもりつけ、
みつ葉《ば》を散《ち》らして
できあがり

サケのかす汁《じる》

材《ざい》　料《りょう》（4人分《にんぶん》）

生《なま》サケ…200g
塩《しお》…少々《しょうしょう》

Ⓐ
- にんじん…40g
- だいこん…100g
- えびいも（里《さと》いも）…1個《こ》
- しいたけ…2枚《まい》
- ごぼう…40g

酢《す》…少々《しょうしょう》
せり…2本《ほん》

〔調味料《ちょうみりょう》〕

だし汁《じる》…800mL
酒《さけ》かす…80g
白《しろ》みそ…60g
うす口《くち》しょう油《ゆ》…小《こ》さじ1

一味《いちみ》とうがらし…少々《しょうしょう》

つくり方《かた》

1 材料《ざいりょう》をじゅんびしよう。

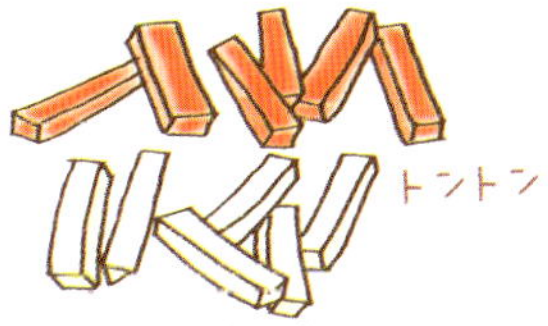
トントン

にんじんとだいこんは、皮《かわ》をむいて短冊《たんざく》切《ぎ》り

土《つち》をあらい流《なが》したごぼうは、ささがきにして酢水《すみず》につけ、水気《みずけ》を切《き》る

しいたけは石《いし》づきを取《と》ってうす切《ぎ》り

トントン

えびいもは皮《かわ》をむいて5mm幅《はば》の半月《はんげつ》切《ぎ》り

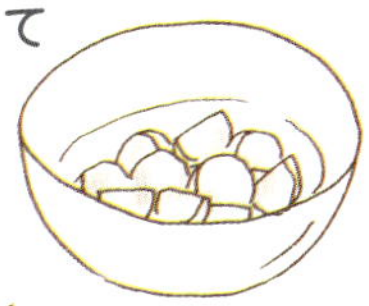

水《みず》にさらして水気《みずけ》を切《き》る

ぱっ

せりは2cmの長《なが》さに切《き》って水《みず》にさらす

サケは一口大《ひとくちだい》に切《き》り、塩《しお》をふってしばらく置《お》く

じわ～ん

熱湯《ねっとう》にサッと通《とお》して

ちゃぱっ

水《みず》に取《と》り出《だ》し、あらって水気《みずけ》を切《き》る

2 鍋《なべ》に、だし汁《じる》とⒶを入《い》れて弱火《よわび》にかけるよ。

ことこと

えびいもがやわらかくなったら、サケを入《い》れてふたをする

ぶわー
ときどき
アクを取《と》る

3 ボウルにちぎった酒《さけ》かすと2の汁《しる》を入《い》れ、ラップフィルムをしてしばらく置《お》こう。

かしゃっ

酒《さけ》かすがやわらかくなったら、白《しろ》みそを加《くわ》えて泡立《あわだ》て器《き》でしっかりまぜて、鍋《なべ》に加《くわ》える

4 うす口《くち》しょう油《ゆ》で味《あじ》をととのえよう。

おわんにかす汁《じる》を入《い》れてせりをのせ、一味《いちみ》とうがらしをふってできあがり

火《ひ》の強《つよ》さに
注意《ちゅうい》が必要《ひつよう》ね。

鍋《なべ》で炊《た》く！ ほっくほくの白《しろ》いごはん

おいしいごはんの炊《た》き方《かた》

材《ざい》 料《りょう》（4人分《にんぶん》）

お米《こめ》…2カップ
水《みず》…440mL（お米《こめ》の1割増《わりまし》）

180mL
200mL

炊飯器《すいはんき》のカップ（1合《ごう》）　**計量《けいりょう》カップ**（1カップ）

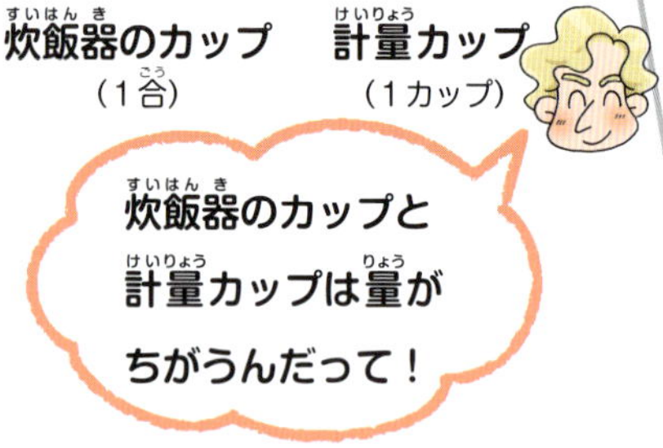
炊飯器《すいはんき》のカップと
計量《けいりょう》カップは量《りょう》が
ちがうんだって！

つくり方《かた》

1 ボウルにお米《こめ》を入《い》れて、まずはお米《こめ》をとごう。

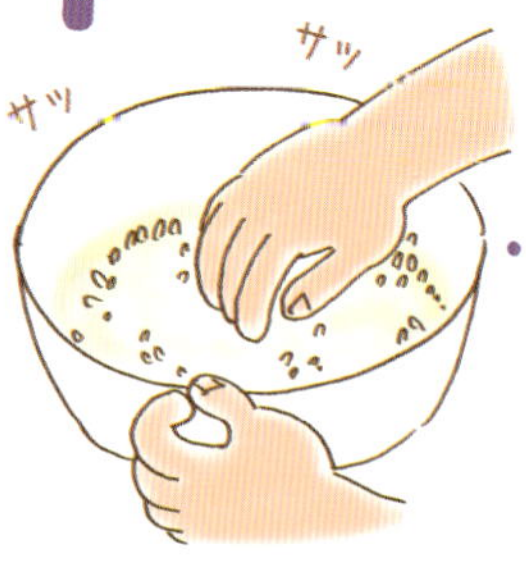
サッ
サッ

はじめに水《みず》を入《い》れたら、すばやく2～3回《かい》まぜて

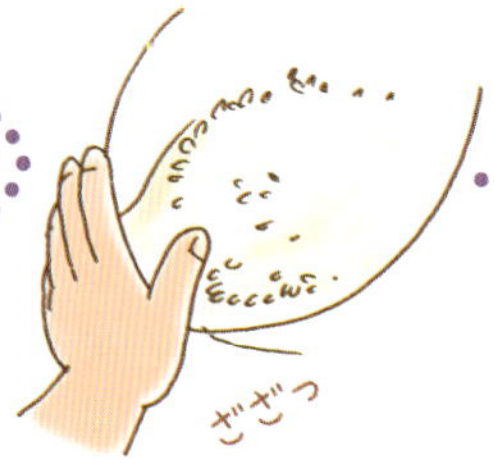
ざざっ

すぐに水《みず》をすてる

ポイント　「すばやく」がポイント！ 時間《じかん》がたつとぬか臭《くさ》くなるよ。

お米同士《こめどうし》をすり合《あ》わせるように、手《て》のつけ根《ね》でぎゅっと押《お》してといで

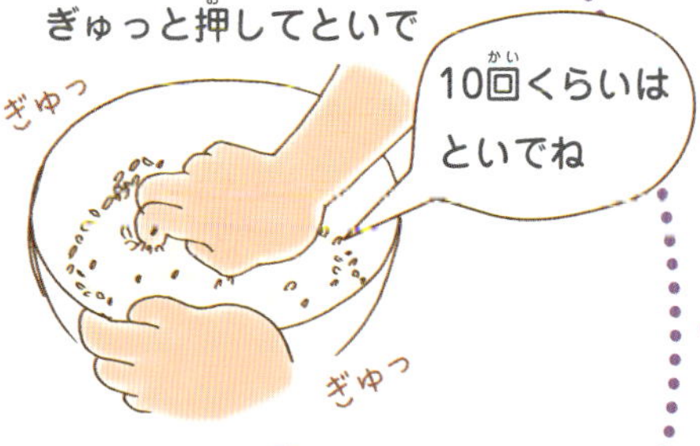
ぎゅっ
10回《かい》くらいは
といでね
ぎゅっ

ボウルに水《みず》を入《い》れて、軽《かる》くまぜてから水《みず》をすてる

さらさら

これを4～5回《かい》くりかえす

2

お米《こめ》をザルにあげて
30分《ぷん》ほど置《お》く。

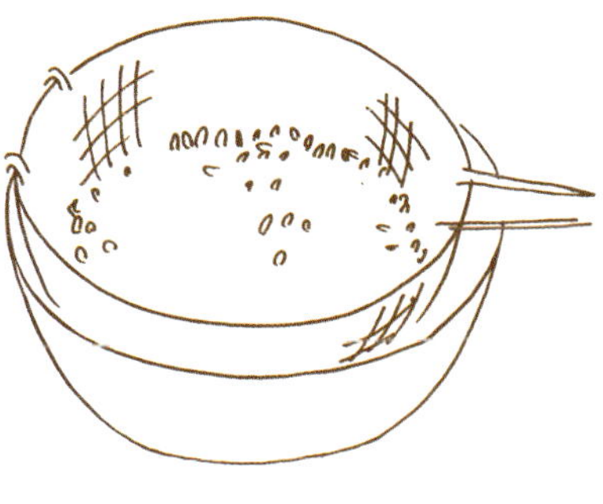

3

いよいよ炊《た》こう。
鍋《なべ》にお米《こめ》と水《みず》を
入《い》れたらふたをして、
はじめは強火《つよび》にかけるよ。

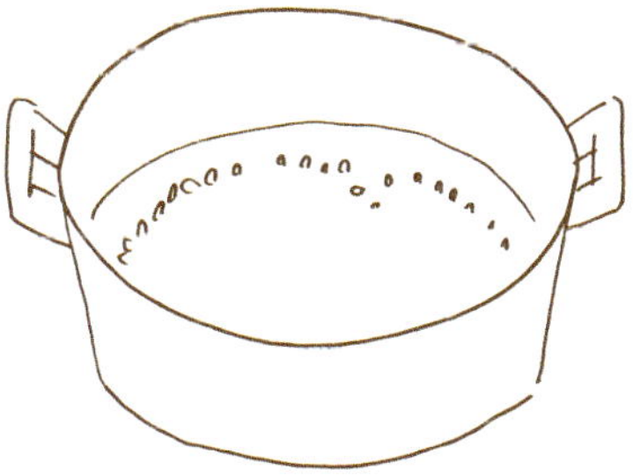

30分《ぶん》置《お》いたお米《こめ》の重《おも》さを量《はか》って、
それと同《おな》じ重《おも》さの水《みず》を入《い》れるのが
おいしくできるやり方《かた》です。
だいたいさいしょに量《はか》った
お米《こめ》の重《おも》さの1割増《わりまし》になります。

4

ふっとうしてきたら、
弱火《よわび》にして8～10分《ぷん》炊《た》こう。

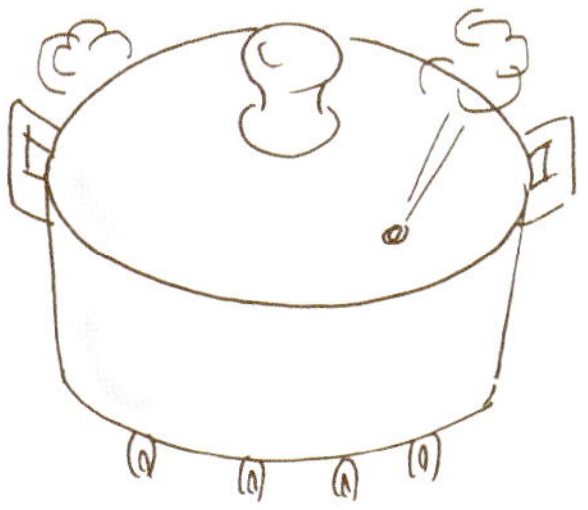

5

最後《さいご》に5秒《びょう》くらい
強火《つよび》にしよう。

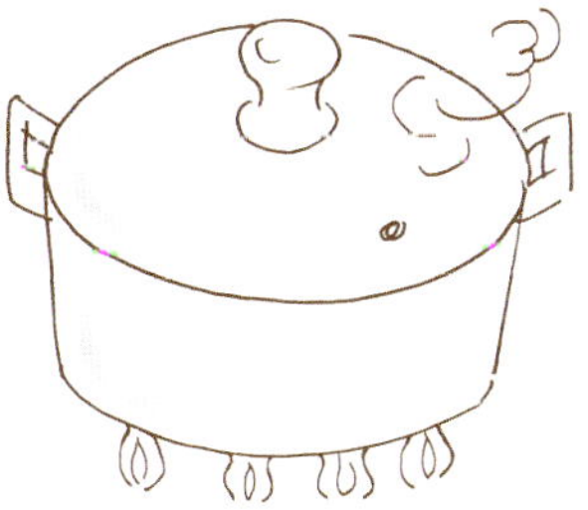

6

火《ひ》を止《と》めて、
あとは蒸《む》らして
できあがり。

ふたをしたまま
10分《ぶん》くらい
蒸《む》らして

しゃもじで切《き》るように全体《ぜんたい》をまぜる

秋《あき》は特《とく》に
おいしいネ。

ほっくほく！ 栗入《くりい》りごはん

栗《くり》ごはん

材《ざい》　料《りょう》（4人分《にんぶん》）

栗《くり》…8個《こ》
お米《こめ》…1カップ
もち米《ごめ》…1カップ

〔調味料《ちょうみりょう》〕

水《みず》…410mL
酒《さけ》…大《おお》さじ2
塩《しお》…小《こ》さじ1/3

つくり方《かた》

1 もち米《ごめ》の じゅんびをしよう。〈前日《ぜんじつ》の夜《よる》〉

もち米《ごめ》はわれやすい
ので、あまりこすり
合《あ》わせないように！

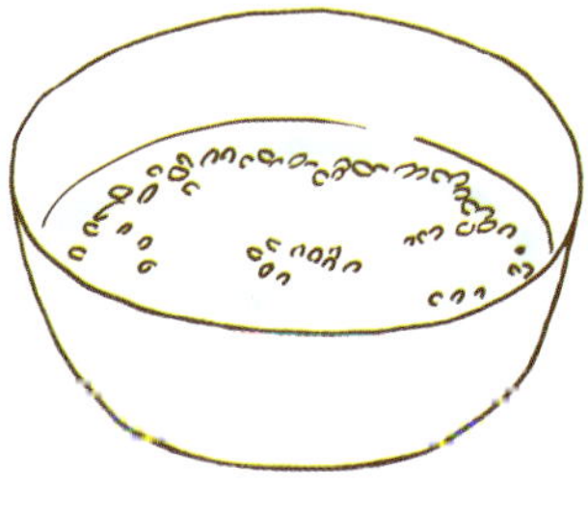

もち米《こめ》をといで一晩水《ひとばんみず》につけ、
ザルにあげて水《みず》を切《き》る

栗《くり》の皮《かわ》は、かたいの
で注意《ちゅうい》！ おとなと
いっしょにやろう！

2 栗《くり》の じゅんびをしよう。

1時間《じかん》水《みず》につけて

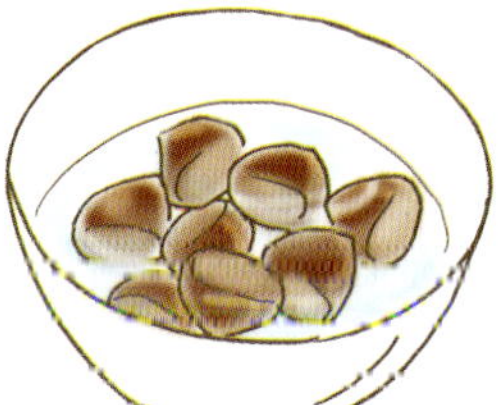

下《した》の
ざらざらした
部分《ぶぶん》を切《き》って

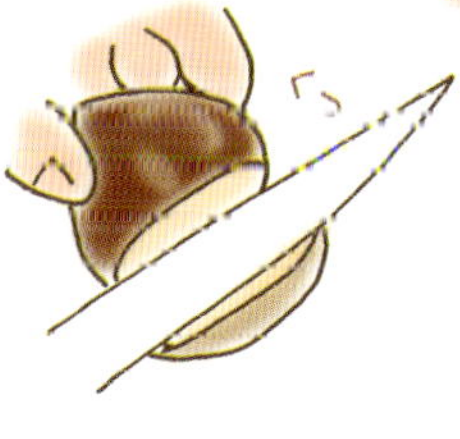

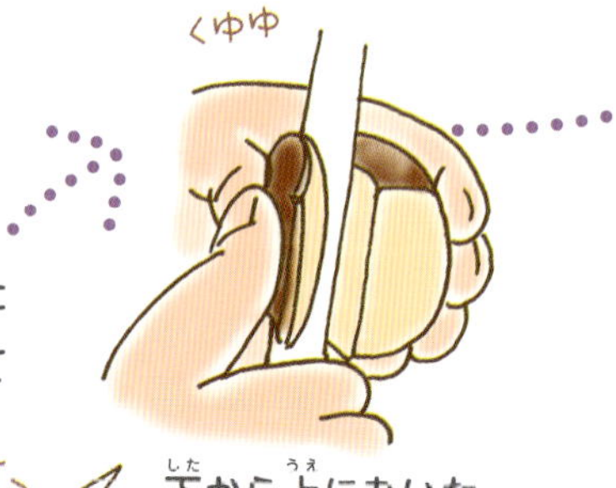
くゆゆ

下《した》から上《うえ》にむいた
あと、食《た》べやすい
大《おお》きさに切《き》る

6

ふたをしたまま
5分間《ふんかん》蒸《む》らそう。

蒸《む》らし終《お》わったら、
しゃもじで底《そこ》からかえしてまぜ、
お茶《ちゃ》わんにもりつけてできあがり

5

ふっとうしてきたら、
弱火《よわび》にして8～10分《ぶん》炊《た》くよ。

最後《さいご》に、5秒《びょう》強火《つよび》に
してから火《ひ》を止《と》める

4

調味料《ちょうみりょう》、お米《こめ》ともち米《ごめ》、
栗《くり》を鍋《なべ》に入《い》れてふたをし
て強火《つよび》で炊《た》くよ。

調味料《ちょうみりょう》の分量《ぶんりょう》を目安《めやす》にして、
お米《こめ》＋もち米《ごめ》の分量《ぶんりょう》＝水《みず》＋
酒《さけ》の分量《ぶんりょう》となるようにしま
しょう。

3

お米《こめ》の
じゅんびをしよう。

お米《こめ》をボウルに
入《い》れてといで

ザルにあげて30分《ぶん》ほど
置《お》いて、水《みず》を吸《す》わせる

ごはんとのりでくるくる巻《ま》き

基本《きほん》の巻《ま》きずし

材《ざい》　料《りょう》（４人分《にんぶん》）

ごはん…800g
かんぴょう（もどしたもの）…60g
干《ほ》ししいたけ（もどしたもの）…４枚《まい》
厚焼《あつや》き卵《たまご》…1/4本《ぽん》
きゅうり…１本《ぽん》
焼《や》きのり…４枚《まい》
甘酢《あまず》しょうが…40g

〔合《あ》わせ酢《ず》〕

酢《す》…大《おお》さじ５
さとう…大《おお》さじ３
塩《しお》…小《こ》さじ２

〔調味料《ちょうみりょう》〕

こんぶだし汁《じる》…200mL
干《ほ》ししいたけもどし汁《じる》…大《おお》さじ2
さとう…大《おお》さじ３
濃《こ》い口《くち》しょう油《ゆ》…大《おお》さじ３

〔手酢《てず》〕

水《みず》…200mL
酢《す》…小《こ》さじ２

ポイント
すしめしを広《ひろ》げるとき、のりの奥側《おくがわ》を２cm くらいあけるときれいな切《き》り口《くち》になるよ。

つくり方《かた》

１　すしめしをつくろう。

鍋《なべ》に合《あ》わせ酢《ず》の材料《ざいりょう》を入《い》れて火《ひ》にかけて

さとう、塩《しお》がとけたら火《ひ》を止《と》め、冷ましておく

ボウルに温《あたた》かいごはんと合《あ》わせ酢《ず》を入《い》れて、しゃもじで切《き》るようにまぜて

ぬらしたふきんをかけて冷《さ》ましておく

6

巻《ま》きすをはずして、
てきとうな大《おお》きさに切《き》ろう。
お皿《さら》にもりつけて
甘酢《あまず》しょうがをそえたら
できあがり。

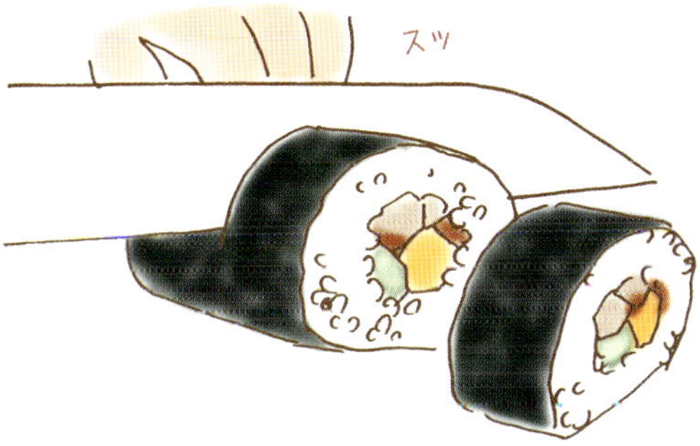
スッ

5

厚焼《あつや》き卵《たまご》の上《うえ》に
かんぴょう、
きゅうりの上《うえ》に
しいたけをのせて
巻《ま》こう。

かんぴょうと
しいたけは軽《かる》く
煮汁《にじる》をしぼってね。

くるっ
ぎゅっ

しめて形《かたち》を
ととのえる

4

巻《ま》きすの上《うえ》に焼《や》きのりをのせ、
手酢《てず》で軽《かる》くぬらした手《て》で、
すしめしを広《ひろ》げてね。

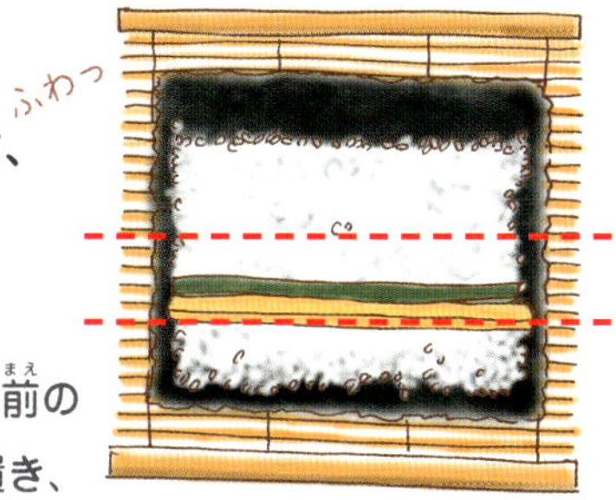
ふわっ

ごはんを3等分《とうぶん》した手前《てまえ》の
ところに厚焼《あつや》き卵《たまご》を置《お》き、
そのすぐ奥《おく》にきゅうりを置《お》く

3

ほかの具《ぐ》も
じゅんびしよう。

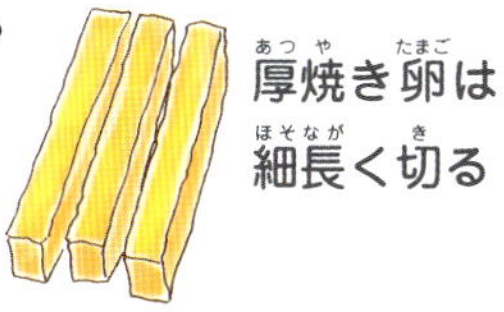

厚焼《あつや》き卵《たまご》は
細長《ほそなが》く切《き》る

きゅうりも
たて4等分《とうぶん》に
切《き》って、種《たね》を取《と》る

2

かんぴょうと
しいたけに味《あじ》つけするよ。

くしゃ　くしゃ
ぶくっ
ぴちゃっ

かんぴょうは、
塩《しお》もみして

熱湯《ねっとう》でやわらかく
なるまでゆでて

水《みず》で冷《ひ》やしてもみあらいをした
あと水気《みずけ》を切《き》って2つに切《き》る

さっくり

水《みず》でもどした干《ほ》ししいたけは、
石《いし》づきを取《と》って1cm幅《はば》に切《き》る

ことこと

調味料《ちょうみりょう》を入《い》れた鍋《なべ》に、
かんぴょう、干《ほ》ししいたけ
を加《くわ》えて火《ひ》にかけ、
煮《に》ふくめる

あったか～い！ やわらかく煮《に》たお米《こめ》

おかゆ

胃《い》にやさしいので、
かぜをひいたときにも
食《た》べやすいです。

材《ざい》料《りょう》（4人分《にんぶん》）

米《こめ》…1カップ
水《みず》…1L

塩《しお》…適量《てきりょう》

味《あじ》つけザーサイ…お好《この》み
梅《うめ》干《ぼ》し…お好《この》み

お米《こめ》のとぎ方《かた》は
72ページを
見《み》てね！

とき どき
かきまぜてね。

つくり方《かた》

1 お米《こめ》を炊《た》こう。

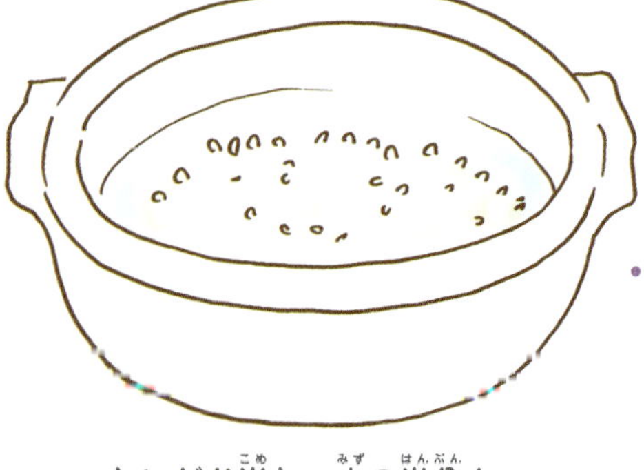

といだお米《こめ》と、水《みず》の半分《はんぶん》を
土鍋《どなべ》に入《い》れて

ふたをして中火《ちゅうび》にかける

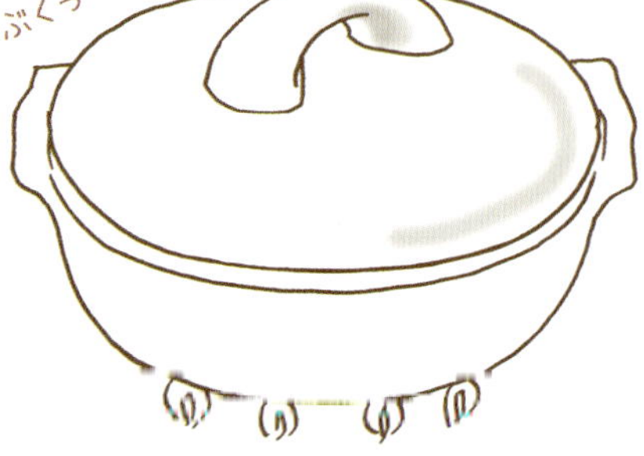

おじや

ぞうすい

卵《たまご》おじや

サケときのこのぞうすい

おかゆに
にているもので
こんなものも
あるよ。

おじやもぞうすいも、ふつう一度《いちど》炊《た》いたごはんからつくるんだって。
ぞうすいは、ごはんにお湯《ゆ》をかけてぬめりをとってから使《つか》うので、
おじやにくらべてさらっとしているよ。

3 器《うつわ》にもりつけ、お好《この》みで味《あじ》つけ
ザーサイ・梅干《うめぼ》しをそえて
できあがり。

ポイント
五穀米《ごこくまい》を加《くわ》えて
炊《た》いてもおいしいよ。

ふっとうしてきたら
火《ひ》を弱《よわ》めて残《のこ》りの水《みず》を入《い》れ
ふたをする

ときどきかきまぜながら炊《た》く

2 お米《こめ》がやわらかくなったら、
塩《しお》を加《くわ》えてうすく味《あじ》つけをしよう。

パラパラ

とり肉《にく》とたまねぎのふんわり卵《たまご》とじ

親子丼《おやこどん》

とり肉《にく》と卵《たまご》を使《つか》うから「親子《おやこ》」っていうのよね。

材《ざい》　料《りょう》（4人分《にんぶん》）

とりモモ肉《にく》…1枚《まい》
たまねぎ…1個《こ》
青《あお》ねぎ…1本《ぽん》
卵《たまご》…6個《こ》
ごはん…700g

〔調味料《ちょうみりょう》〕

だし汁《じる》…400mL
濃《こ》い口《くち》しょう油《ゆ》…70mL
さとう…大《おお》さじ2
みりん…大《おお》さじ2

粉《こな》さんしょう…少々《しょうしょう》

つくり方《かた》

ポイント とり肉《とり》にしっかり火《ひ》を通《とお》してね。

1 材料《ざいりょう》をじゅんびしよう。

たまねぎは皮《かわ》をむいて芯《しん》を取《と》って

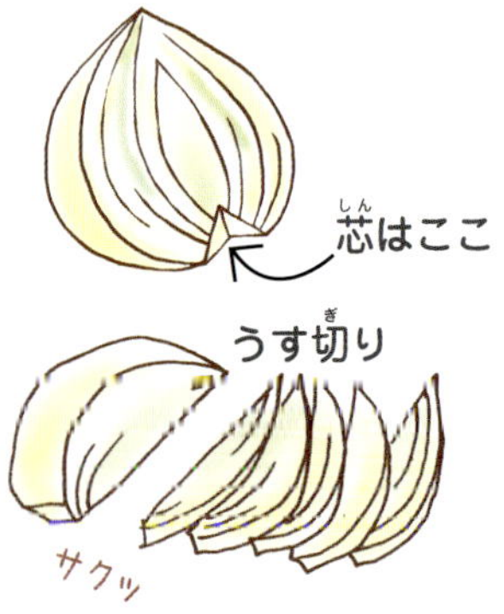
芯《しん》はここ
うす切《ぎ》り
サクッ

トンッ

青《あお》ねぎはななめ切《ぎ》り

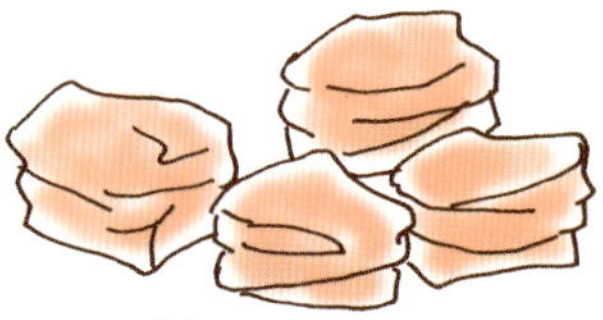

とり肉《にく》は、あぶら、なん骨などを取《と》って、1.5cmくらいの大《おお》きさに切《き》る

ボウルに卵《たまご》を割《わ》ってまぜる

ぱかっ

2

フライパンに調味料《ちょうみりょう》を入《い》れて火《ひ》にかけよう。

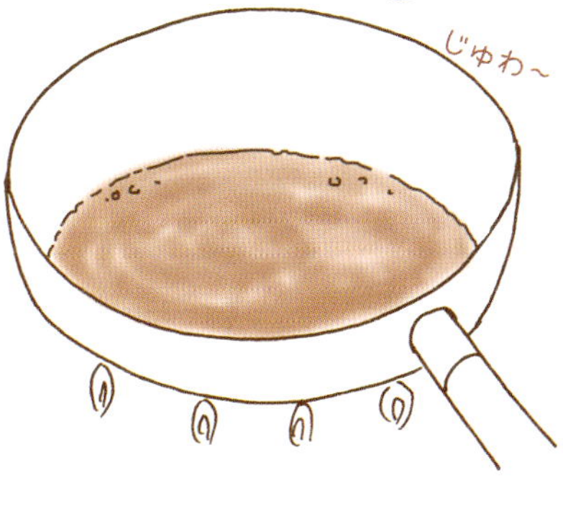
じゅわ~

3

ふっとうしたら、たまねぎ、とり肉《にく》を入《い》れて中火《ちゅうび》で煮《に》よう。

ときどき
アクを取《と》る
じゅわ~

4

青《あお》ねぎを加《くわ》えよう。

パラパラ

5

ふっとうしたら卵《たまご》を半分《はんぶん》だけ全体《ぜんたい》に流《なが》し入《い》れるよ。

とろ~り

6

半熟《はんじゅく》になってきたら、残《のこ》りの卵《たまご》を入《い》れて軽《かる》く火《ひ》を通《とお》して止《と》めよう。

ツー

ほんわり

どんぶりによそったごはんの上《うえ》にのせ、粉《こな》さんしょうをふって、できあがり

おそばでも
できるよ。

かもとねぎのあったかうどん

かも南《なん》ばんうどん

材料《ざいりょう》（4人分《にんぶん》）

かもムネ肉《にく》…120g
青《あお》ねぎ…1本《ぽん》
乾燥《かんそう》うどん…300g

〔調味料《ちょうみりょう》〕

濃《こ》い口《くち》しょう油《ゆ》…大《おお》さじ1
みりん…大《おお》さじ1
酒《さけ》…大《おお》さじ2

〔うどんだし〕

だし汁《じる》…600mL
酒《さけ》…50mL
みりん…大《おお》さじ1/2
うす口《くち》しょう油《ゆ》…大《おお》さじ2

つくり方《かた》

1 材料《ざいりょう》を
じゅんびしよう。

トントンッ

青《あお》ねぎはささ切《ぎ》り

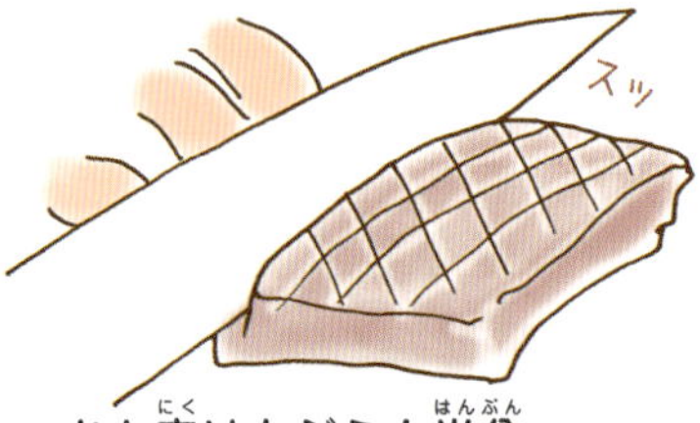
スッ

かも肉《にく》はあぶらを半分《はんぶん》
そぎ取《と》って、格子《こうし》に
切《き》り込《こ》みを入《い》れる

2 かも肉《にく》を焼《や》こう。

じゅ〜

熱《ねっ》したフライパンにあぶら身《み》を
下《した》にして入《い》れ、きつね色《いろ》になる
までよく焼《や》き、ひっくり返《かえ》して
身《み》の側《がわ》はサッと焼《や》く

調《ちょう》味《み》料《りょう》を加《くわ》えて弱《よわ》火《び》で
5分《ふん》ほど煮《に》からめる

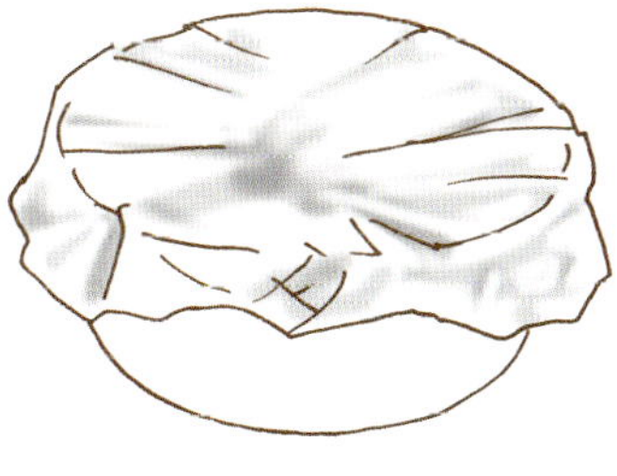

調《ちょう》味《み》料《りょう》といっしょにボウルに
うつして、アルミはくを
かけ5分《ふん》ほど置《お》く

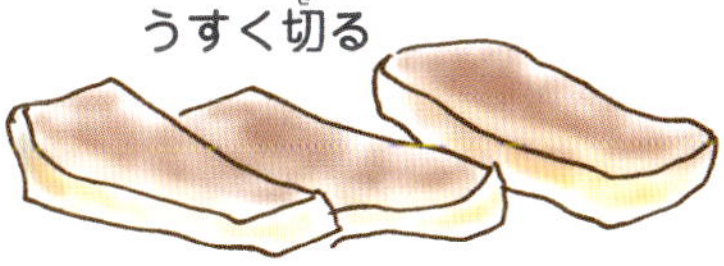

うすく切《き》る

3

うどんだしを
つくろう。

鍋《なべ》にだし汁《じる》、酒《さけ》、みりんを
入《い》れてふっとうさせて、
うす口《くち》しょう油《ゆ》を加《くわ》える

4

別《べつ》の鍋《なべ》でたっぷりの
水《みず》をふっとうさせて、
うどんをゆでるよ。

乾燥《かんそう》うどんを入《い》れてかきまぜる

5

ふきこぼれそうになったら、
水《みず》を入《い》れて10～13分《ぷん》ほど
ゆでよう。

ちょうど良《よ》いかたさに
なったらザルにあげ、
ぬめりを取《と》るため水《みず》で
あらう

6

器《うつわ》にうどんをもりつけ、
かも肉《にく》をのせて、
うどんだしをかけよう。

青《あお》ねぎをのせたらできあがり

ポイント

あつあつのうどんだしを
かけてね。ゆでうどんを
使《つか》う場合《ばあい》、水《みず》であらう必《ひつ》
要《よう》はないよ。

体《からだ》が温《あたた》まって
野菜《やさい》もたっぷり!

寒《さむ》いときにおすすめ！ とろ～りあんをかけたそば

あんかけそば

材《ざい》　料《りょう》（4人分《にんぶん》）

そば(ゆで) …4玉《たま》
ごぼう…100g
にんじん…30g
小松菜《こまつな》…1/2束《たば》
ちくわ…3本《ぼん》
しいたけ…4枚《まい》
油《あぶら》揚《あ》げ…1枚《まい》
豚《ぶた》スライス肉《にく》…200g

〔調味料《ちょうみりょう》〕

だし汁《じる》…800mL
酒《さけ》…大《おお》さじ2
みりん…50mL
うす口《くち》しょう油《ゆ》…25mL
濃《こ》い口《くち》しょう油《ゆ》…35mL

〔水《みず》とき片栗粉《かたくりこ》〕

片栗粉《かたくりこ》…大《おお》さじ2
水《みず》…大《おお》さじ4

ごま油《あぶら》…大《おお》さじ1
おろししょうが…お好《この》み

ごぼうはささがきにし
水《みず》につけてアクぬき

小松菜《こまつな》は3cmに切《き》る

つくり方《かた》

1 材料《ざいりょう》を じゅんびしよう。

トンットンッ

にんじんは短冊《たんざく》切《ぎ》り

ちくわは
5mm幅《はば》の半月《はんげつ》切《ぎ》り

しいたけは
5mm幅《はば》に切《き》る

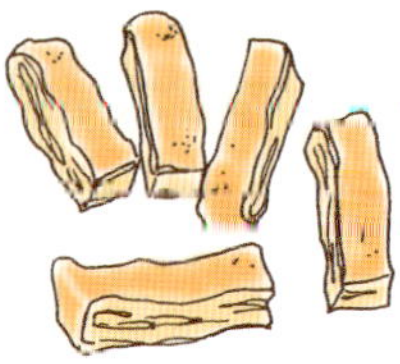

油揚《あぶらあ》げは
短冊《たんざく》切《ぎ》り

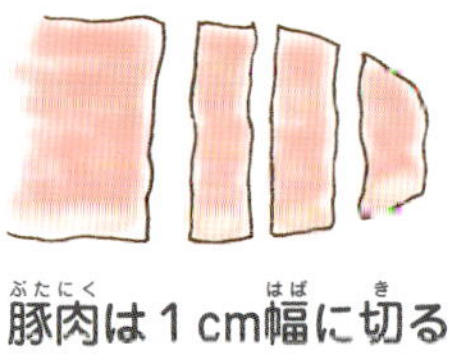

豚肉《ぶたにく》は1cm幅《はば》に切《き》る

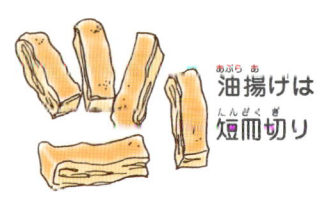

6 器《うつわ》に温《あたた》めたそばを入《い》れ、あんをかけて、おろししょうがをのせたらできあがり。

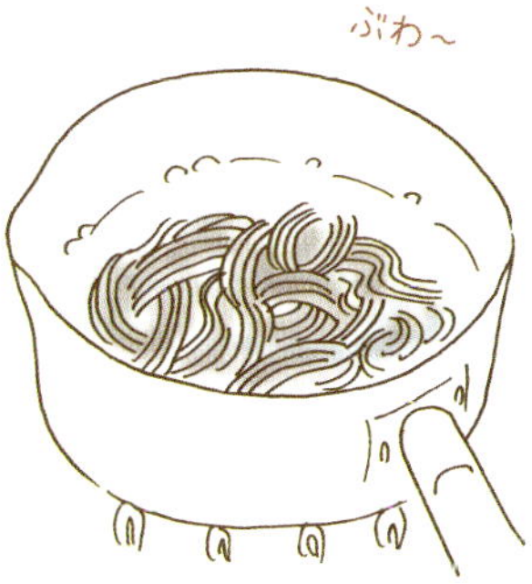

5 たっぷりの熱湯《ねっとう》にそばを入《い》れて、サッと温《あたた》めよう。

4 野菜《やさい》がやわらかくなったら、水《みず》とき片栗粉《かたくりこ》でとろみをつけるよ。

ポイント
水《みず》とき片栗粉《かたくりこ》を入れたらすぐにまぜないとダマになるよ。

3 ボウルに調味料《ちょうみりょう》を合《あ》わせておこう。豚肉《ぶたにく》に火《ひ》が通《とお》ったら調味料《ちょうみりょう》を加《くわ》えてふっとうさせよう。

2 鍋《なべ》にごま油《あぶら》を入れて火《ひ》にかけ、温《あたた》まったらあんの具《く》を中火《ちゅうび》で炒《いた》めよう。

1 の具《く》を全部《ぜんぶ》入《い》れて炒《いた》める

あったかそうめん

にゅうめん

温《あたた》かいそうめんも
なかなかデス。

材《ざい》　料《りょう》（4人分《にんぶん》）

そうめん…4束《たば》
とりひき肉《にく》…120g
しめじ…1パック
青《あお》ねぎ…1本《ぼん》
粒《つぶ》コーン…30g
しょうが…15g

〔調味料《ちょうみりょう》〕

Ⓐ
酒《さけ》…大《おお》さじ2
みりん…大《おお》さじ2と1/2
うす口《くち》しょう油《ゆ》…大《おお》さじ2と1/2
濃《こ》い口《くち》しょう油《ゆ》…大《おお》さじ2
塩《しお》…少々《しょうしょう》

だし汁《じる》…800mL

つくり方《かた》

1 材料《ざいりょう》をじゅんびしよう。

トンットンッ

青《あお》ねぎは小口切《こくちぎ》り

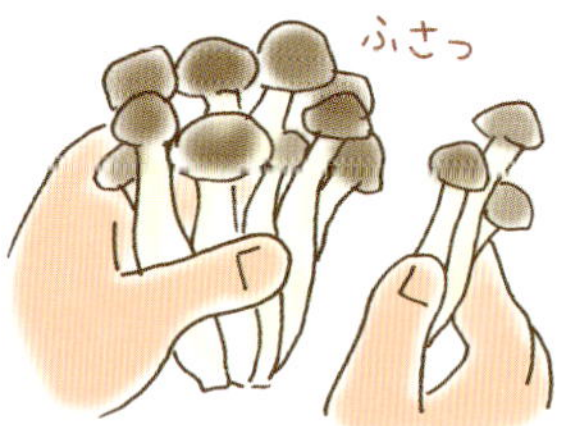
ふさっ

しめじは石《いし》づきを取《と》ってほぐす

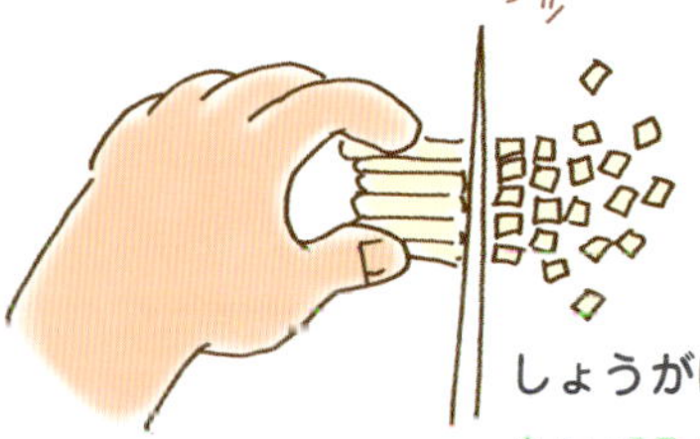
トンットンッ

しょうがは皮をむいてみじん切り

ぶわー

粒《つぶ》コーンはサッと熱湯でゆでる

2 そぼろをつくろう。

鍋《なべ》にとり肉《にく》、しょうが、調味料《ちょうみりょう》Ⓐを入《い》れてかきまぜたら、火《ひ》をつける

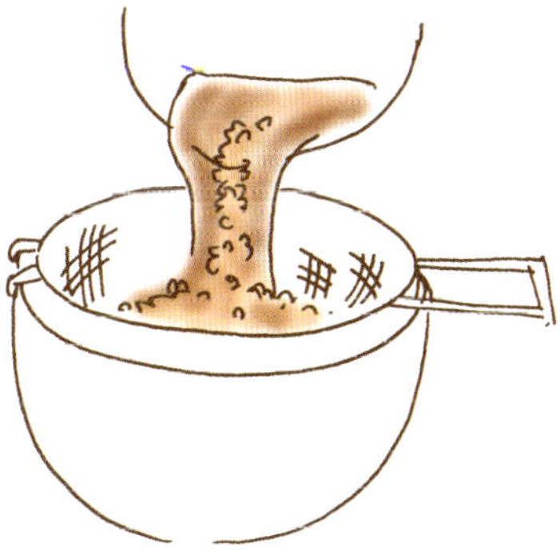

とり肉《にく》に火《ひ》が通《とお》ってそぼろ状《じょう》になったら、こす

煮汁《にじる》はボウルで受《う》けてね。

3 しめじ、2の煮汁《にじる》、だし汁《じる》を鍋《なべ》に入《い》れてふっとうさせて、にゅうめんだしをつくろう。

ときどきアクを取《と》る

ポイント　あつあつのにゅうめんだしをかけてね。

4 たっぷりの熱湯《ねっとう》でそうめんをゆでるよ。

大《おお》きめのお鍋《なべ》にたっぷりのお湯《ゆ》を使《つか》おう。

1～2分《ふん》ほどゆでて

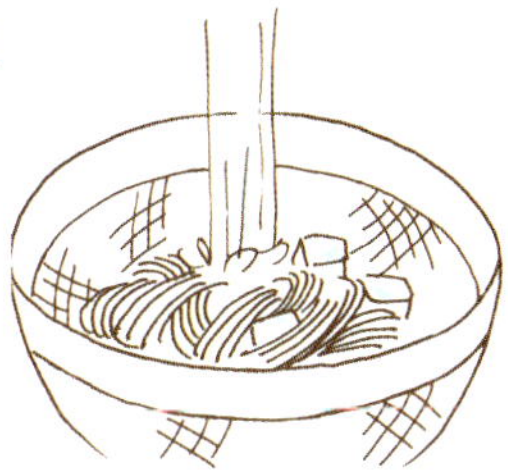

ちょうど良《よ》いかたさになったらザルにあげて水《みず》あらいする

氷水《こおりみず》でしっかり冷《ひ》やしてね。

5 器《うつわ》にそうめんを入《い》れて、にゅうめんだしをかけよう。

6 そぼろ、粒《つぶ》コーン、青《あお》ねぎの順《じゅん》でもりつけてできあがり。

鍋《なべ》もの

牛肉《ぎゅうにく》と野菜《やさい》の甘辛煮《あまからに》

すき焼《や》き

材《ざい》　料《りょう》（4人分《にんぶん》）

牛《ぎゅう》すき焼《や》き用肉《ようにく》…300g
白《しろ》ねぎ…1本《ぽん》
しらたき…1袋《ふくろ》
焼《や》きどうふ…1/2丁《ちょう》
しいたけ…8枚《まい》
白菜《はくさい》…200g
菊菜《きくな》…1/2束《たば》

〔調味料《ちょうみりょう》〕

濃《こ》い口《くち》しょう油《ゆ》…100mL
みりん…100mL
さとう…大《おお》さじ2
酒《さけ》…60mL

牛脂《ぎゅうし》…30g
卵《たまご》…4個《こ》

つくり方《かた》

1 材料《ざいりょう》をじゅんびしよう。

白《しろ》ねぎは1cm幅《はば》のななめ切《ぎ》り

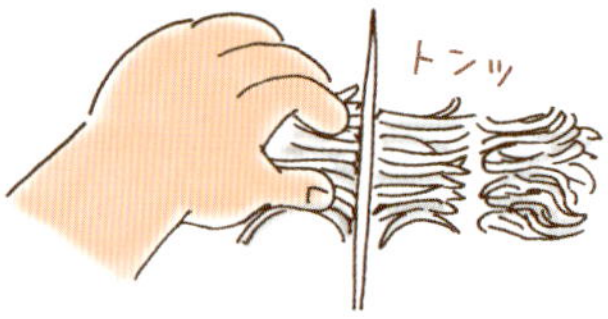

しらたきは熱湯《ねっとう》でサッとゆでて冷《さ》ましてからざく切《ぎ》り

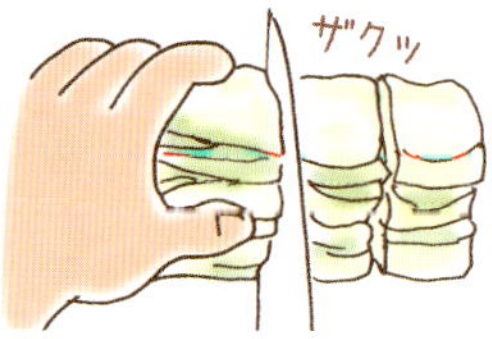

白菜《はくさい》はざく切《ぎ》り

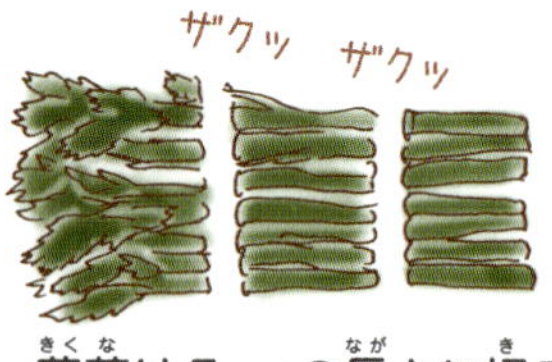

菊菜《きくな》は5cmの長《なが》さに切《き》る

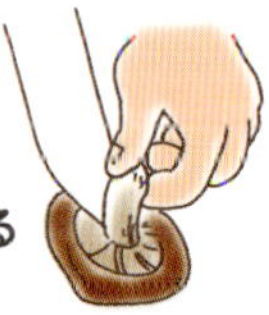
しいたけは石《いし》づきを取《と》る

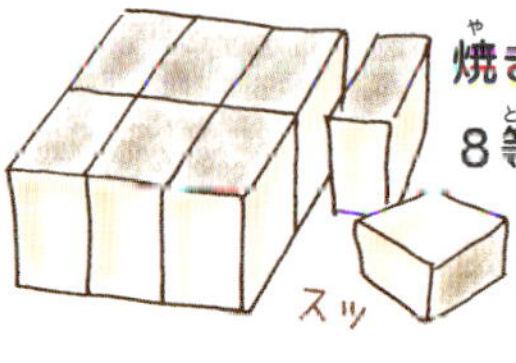

焼《や》きどうふは8等分《とうぶん》に切《き》る

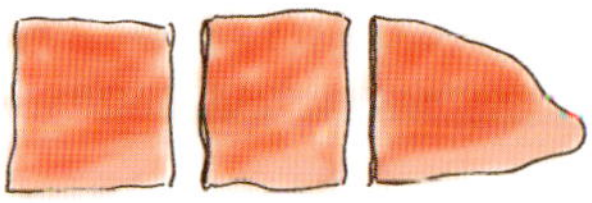
牛肉《ぎゅうにく》は、5cm幅《はば》に切《き》る

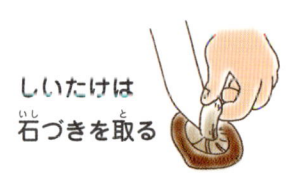

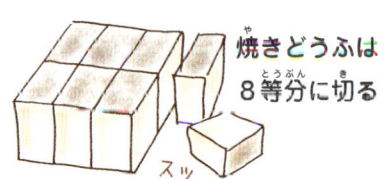

2

調味料《ちょうみりょう》をボウルに入《い》れて、まぜておこう。

カチャカチャ

これを
「割《わ》り下《した》」と
いうんだって。

3

牛脂《ぎゅうし》を熱《ねっ》したすき焼《や》き鍋《なべ》に、白《しろ》ねぎを入《い》れて焼《や》き色《いろ》をつけるように焼《や》こう。

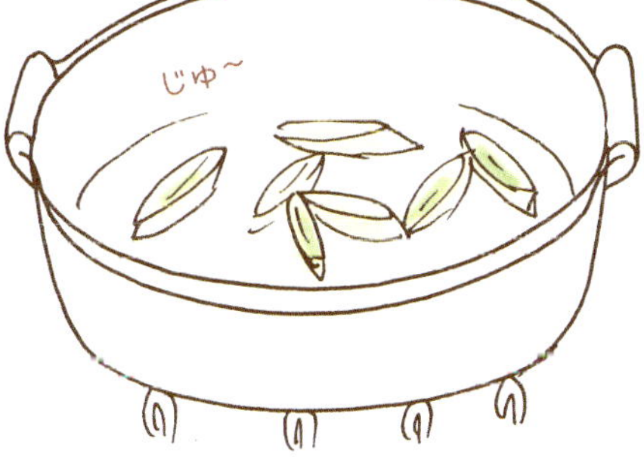
じゅ～

ポイント　牛脂《ぎゅうし》を使《つか》うことで風味《ふうみ》とうま味《み》が出《で》るよ。

4

牛肉《ぎゅうにく》を加《くわ》えて両面《りょうめん》をサッと焼《や》こう。

じゅ～

5

調味料《ちょうみりょう》をまわしながら入《い》れよう。

たら～り

6

しいたけ、しらたき、焼《や》きどうふ、白菜《はくさい》、菊菜《きくな》を加《くわ》えて煮込《にこ》んだら、できあがり。

ことこと

鍋《なべ》もの

ポン酢《ず》で
さっぱり!

こんぶのだし汁《じる》で煮《に》た、とり肉《にく》と野菜《やさい》のお鍋《なべ》

水《みず》炊《た》き

材《ざい》料《りょう》（4人分《にんぶん》）

とりモモ肉《にく》…400g
しめじ…1パック
えのき…1パック
白菜《はくさい》…200g
白《しろ》ねぎ…1本《ぽん》
水菜《みずな》…1/4束《たば》
もめんどうふ…1/2丁《ちょう》
こんぶ…5cm

〔薬味《やくみ》〕

だいこんおろし…お好《この》み
浅葱《あさつき》（万能《ばんのう》ねぎでも可《か》）…お好《この》み

ポン酢《ず》…お好《この》み

つくり方《かた》

白《しろ》ねぎは1cm幅《はば》のななめ切《ぎ》り

1 材料《ざいりょう》を
じゅんびしよう。

白菜《はくさい》はざく切《ぎ》り

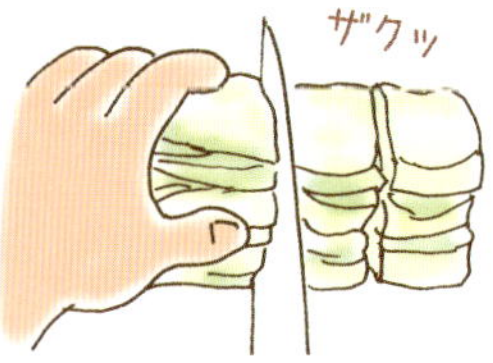
ザクッ

水菜《みずな》は食《た》べやすい長《なが》さに切《き》る

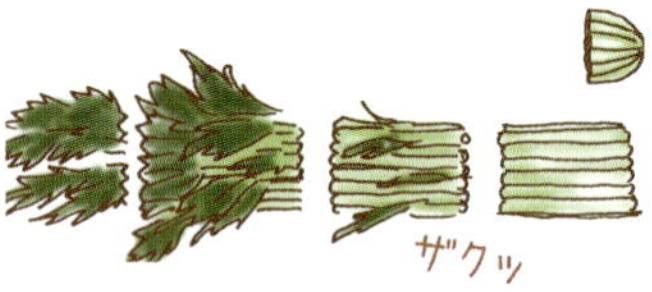
ザクッ

しめじとえのきは
石《いし》づきを取《と》って

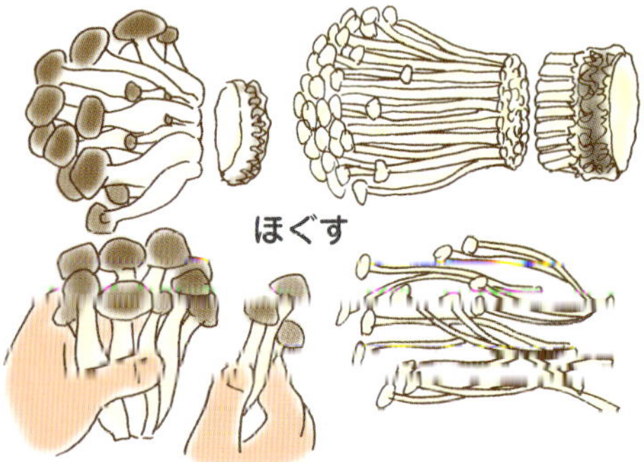
ほぐす

もめんどうふは
8等分《とうぶん》に切《き》る

とり肉《にく》は
3cm角《かく》に切《き》る

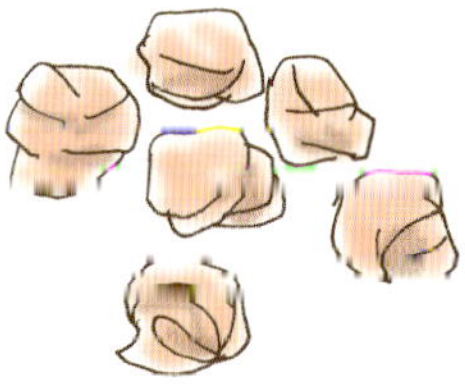

2

鍋《なべ》に3/4くらいまでの水《みず》と
こんぶを入《い》れよう。

ゆっくりと中火《ちゅうび》にかけて
ふっとうする前《まえ》に取《と》り出《だ》す

3

とり肉《にく》を入《い》れるよ。
アクは取《と》ろう。

ポイント　アクをきっちり取《と》ること!

4

とり肉《にく》に火《ひ》が通《とお》ったら、
もめんどうふと白《しろ》ねぎを
入《い》れて煮込《にこ》むよ。

5

白菜《はくさい》、しめじ、えのき、
水菜《みずな》の順《じゅん》で加《くわ》えて、
煮《に》えたらできあがり。

浅葱《あさつき》は小口切《こくちぎ》りに
しておこう。

薬味《やくみ》を加《くわ》えたポン酢《ず》
につけて食べよう

ポン酢《ず》は自分《じぶん》でも
つくれるよ！
95ページを見《み》てね。

体《からだ》もほっかほか、揚《あ》げや野菜《やさい》のコトコト煮《に》

おでん

お好《この》みで
ねりからしを
そえてね。

材《ざい》　料《りょう》（4人分《にんぶん》）

だいこん…8cm
結《むす》びしらたき…4個《こ》
（または、板《いた》こんにゃく…1枚《まい》）
がんもどき…4個《こ》
厚揚《あつあ》げ…4個《こ》
ゴボ天《てん》…4本《ほん》
じゃがいも…4個《こ》
ゆで卵《たまご》…4個《こ》
牛《ぎゅう》スジくし（市販《しはん》）…8本《ぼん》

〔調味料《ちょうみりょう》〕

Ⓐ
だし汁《じる》…1.5L
さとう…大《おお》さじ4
みりん…50mL
酒《さけ》…50mL

Ⓑ
濃《こ》い口《くち》しょう油《ゆ》…100mL
うす口《くち》しょう油《ゆ》…50mL

ねりからし…お好《この》み

つくり方《かた》

1 材料《ざいりょう》を
じゅんびしよう。

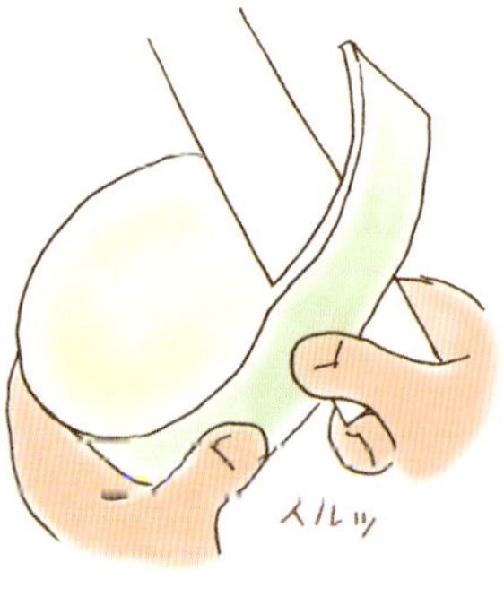
スルッ

だいこんは2cmの厚《あつ》さの
輪切《わぎ》りにして皮《かわ》をむいて

じゃがいもは皮《かわ》をむき、
大《おお》きめに切《き》る

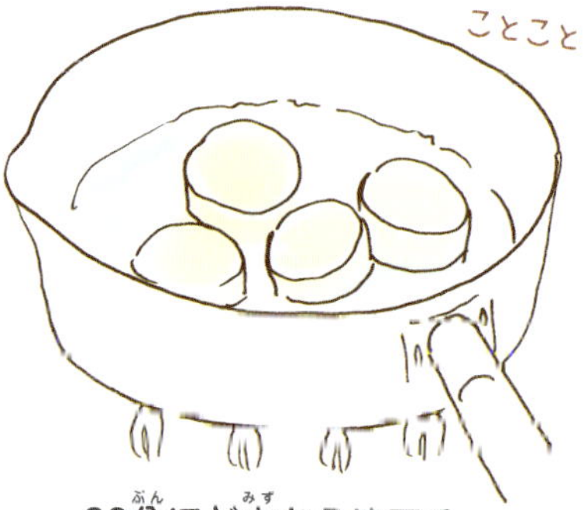
ことこと

30分《ぷん》ほど水《みず》からゆでる

4 調味料《ちょうみりょう》Ⓑを加《くわ》えて、さらに30分《ぷん》ほど弱火《よわび》で煮込《にこ》んだらできあがり。

3 具《ぐ》を全部《ぜんぶ》入《い》れて、30分《ぷん》ほど弱火《よわび》でじっくり煮込《にこ》むよ。

ポイント
もち巾着《きんちゃく》や里《さと》いもなど、お好《この》みの具《ぐ》を入《い》れてみてね。

2 土鍋《どなべ》に調味料《ちょうみりょう》Ⓐを入れてふっとうさせよう。

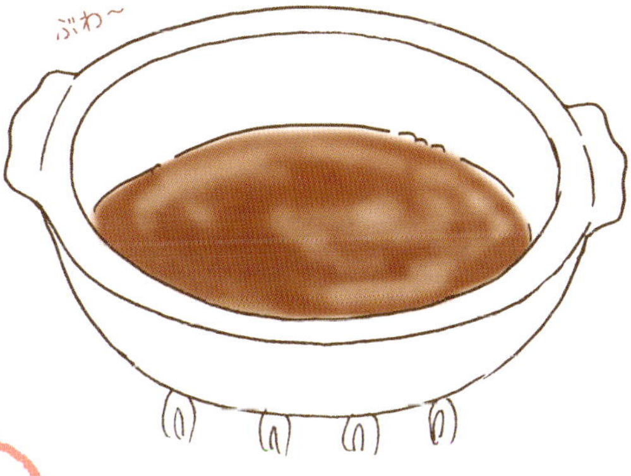

がんもどき、厚揚《あつあ》げ、ゴボ天《てん》はてきとうな大《おお》きさに切《き》って、熱湯《ねっとう》をかける

結《むす》びしらたきは熱湯《ねっとう》でサッとゆでる

こんぶ風味《ふうみ》のあったかどうふ

湯《ゆ》どうふ

冬《ふゆ》には特《とく》に
温《あたた》まりますね。

材　料《ざい　りょう》（4人分《にんぶん》）

もめんどうふ…1丁《ちょう》
まいたけ…1パック
水菜《みずな》…1/2束《たば》
こんぶ…5cm

〔薬味《やくみ》〕

だいこんおろし…お好《この》み
しょうがおろし…お好《この》み
浅葱《あさつき》(万能《ばんのう》ねぎでも可《か》)…お好《この》み

ポン酢《ず》…お好《この》み

つくり方《かた》

1 材料《ざいりょう》を じゅんびしよう。

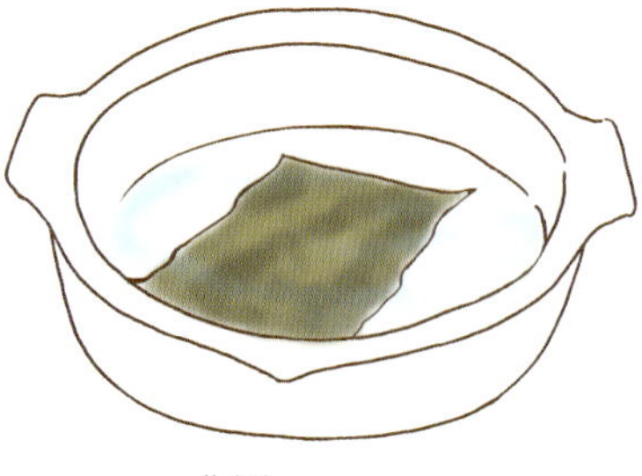

土鍋《どなべ》にこんぶと
水《みず》を入《い》れておく

まいたけは大《おお》きくほぐす

ぶわっ

もめんどうふは
8等分《とうぶん》に切《き》る

スッ

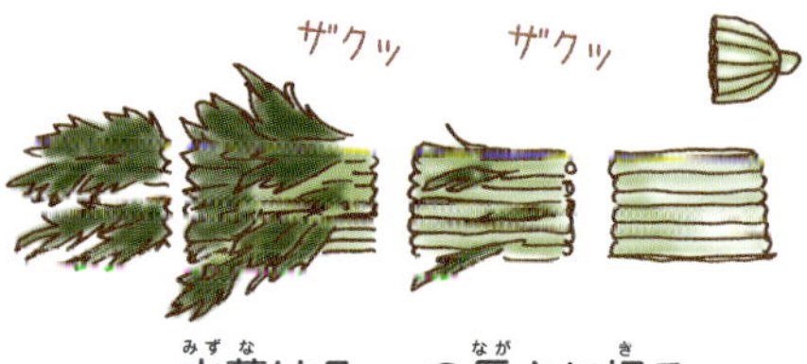
ザクッ
ザクッ

水菜《みずな》は5cmの長《なが》さに切《き》る

ポン酢《ず》のつくり方《かた》

材《ざい》　料《りょう》

濃《こ》い口《くち》しょう油《ゆ》…100mL
酢《す》…25mL
みりん…30mL
かんきつ類《るい》の汁《しる》…75mL
（ゆず、かぼす、だいだいなど）
こんぶ…3cm角《かく》
かつお節《ぶし》…2g

つくり方《かた》

1 材料《ざいりょう》をすべてまぜて
30分《ぶん》ほど置《お》こう。

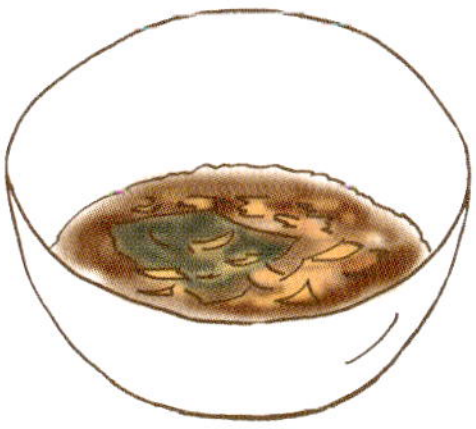

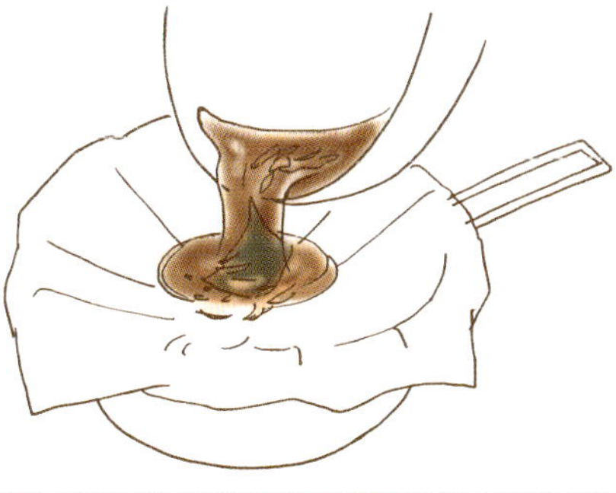

2 目《め》の細《こま》かいふきんなどを、
ザルをのせたボウルにかけて、
こしたらできあがり。

3 最後《さいご》に水菜《みずな》を入《い》れて
サッと煮《に》たら
できあがり。

ポイント 水菜《みずな》を入《い》れる前《まえ》は時間《じかん》を
かけて温《あたた》めよう。

ポン酢《ず》に薬味《やくみ》を加《くわ》えて、食《た》べよう

2 もめんどうふとまいたけも
土鍋《どなべ》に加《くわ》えて弱火《よわび》で煮《に》るよ。

10分《ぶん》くらいかけて
ゆっくり、ふっとう
しないように注意《ちゅうい》し
ながら煮《に》てネ。

揚《あ》げどうふのあま〜いつゆがけ

揚《あ》げ出《だ》しどうふ

味《あじ》がしみ込《こ》んで
おいしいネ。

材《ざい》　料《りょう》（4人分《にんぶん》）

もめんどうふ…2丁《ちょう》
片栗粉《かたくりこ》…大《おお》さじ2

〔かけつゆ〕

だし汁《じる》…200mL
濃《こ》い口《くち》しょう油《ゆ》…大《おお》さじ4
みりん…大《おお》さじ3

〔薬味《やくみ》〕

だいこんおろし…お好《この》み
しょうがおろし…お好《この》み
浅葱《あさつき》の小口切《こくちぎ》り…お好《この》み
（万能《ばんのう》ねぎでも可《か》）
白《しろ》ごま…お好《この》み
かつお節《ぶし》…お好《この》み

揚《あ》げ油《あぶら》…適量《てきりょう》

つくり方《かた》

1 とうふの
じゅんびをしよう。

ペーパータオルに
包《つつ》んで水《みず》を切《き》る

ふんわり

もめんどうふは
4等分《とうぶん》に切《き》って

20分《ぷん》くらい
置《お》いておくと
いいでしょう

4 お皿《さら》にとうふをもりつけて かけつゆをかけよう。

とうふは揚《あ》げると
こうなるんだネ。

お好《この》みで薬味《やくみ》をそえて、
できあがり

たら～

3 別《べつ》の鍋《なべ》にかけつゆの材料《ざいりょう》を 入《い》れて温《あたた》めよう。

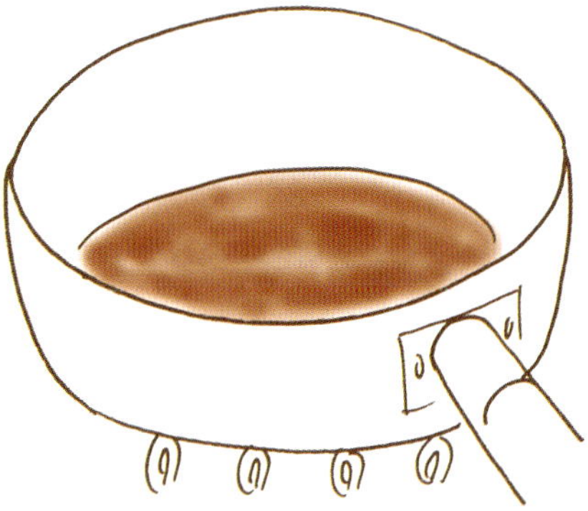

ポイント
油《あぶら》の温度《おんど》が下《さ》がってしまうので、一度《いちど》に多《おお》くのとうふを揚《あ》げないこと。（鍋《なべ》の表面積《ひょうめんせき》の半分以下《はんぶんいか》）

2 とうふを 揚《あ》げるよ。

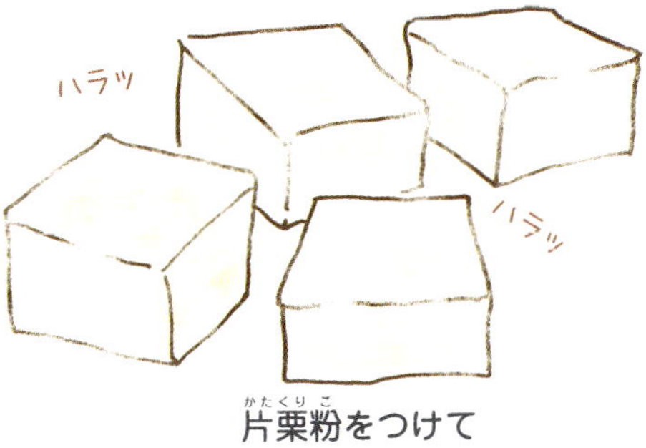
ハラッ
ハラッ

片栗粉《かたくりこ》をつけて

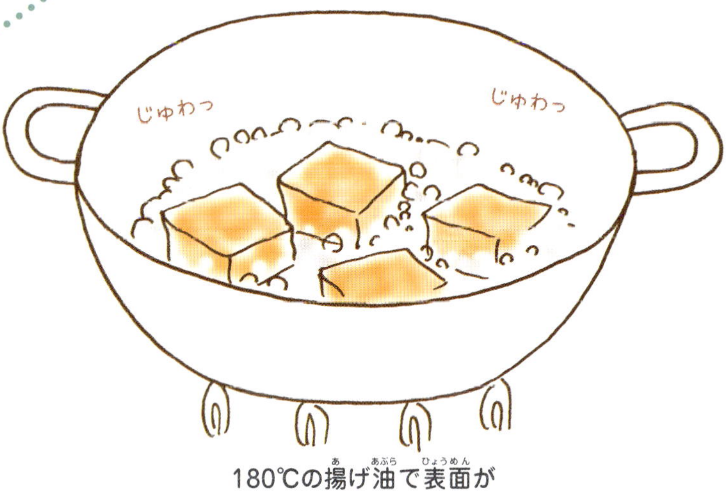
じゅわっ
じゅわっ

180℃の揚《あ》げ油《あぶら》で表面《ひょうめん》が
少《すこ》し色《いろ》づくまで両面《りょうめん》揚《あ》げる

とうふ料理《りょうり》

油揚《あぶらあ》げと水菜《みずな》のサッと煮《に》

うす揚《あ》げと水菜《みずな》の炊《た》いたん

「炊《た》いたん」は
煮《に》たものっていう
意味《いみ》なんだって。

材《ざい》　料《りょう》（4人分《にんぶん》）

水菜《みずな》…2束《たば》
油揚《あぶらあ》げ…1/2枚《まい》
豚《ぶた》スライス肉《にく》…100g

〔調味料《ちょうみりょう》〕

だし汁《じる》…200mL
さとう…大《おお》さじ1
みりん…50mL
うす口《くち》しょう油《ゆ》…50mL

つくり方《かた》

1 材料《ざいりょう》を
じゅんびしよう。

水菜《みずな》は根《ね》を取《と》って、5cmの長《なが》さに切《き》る

ザクッ
ザクッ
ザクッ

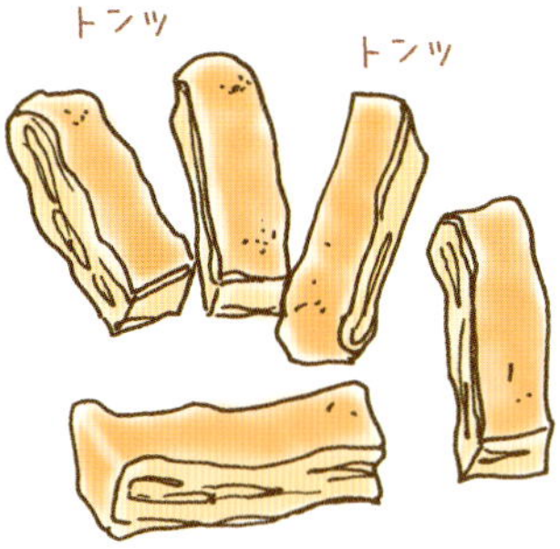

トンッ
トンッ

油揚《あぶらあ》げは短冊《たんざく》切《き》り

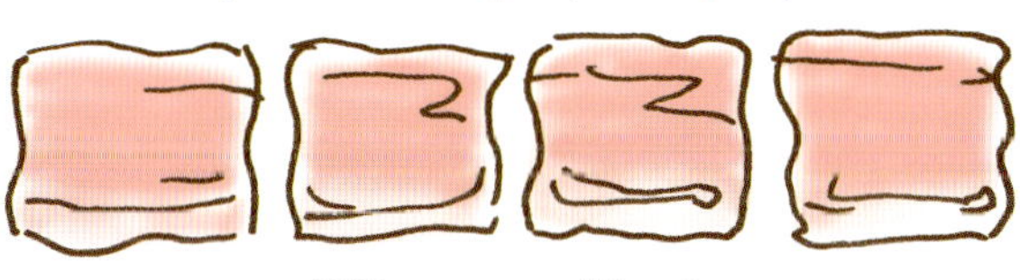

トンッ
トンッ
トンッ

豚肉《ぶたにく》は2cmの幅《はば》に切《き》る

5

ふたをして
蒸《む》し煮《に》にするよ。

しゅん

水菜《みずな》に火《ひ》が通《とお》ったら、お皿《さら》にもりつけて、できあがり

4

弱火《よわび》にして
水菜《みずな》を入《い》れよう。

ポイント
水菜《みずな》は煮《に》すぎないように！
しんなりしたらOKだよ。

3

ふっとうしたら、油揚《あぶらあ》げ、
豚肉《ぶたにく》を入《い》れて中火《ちゅうび》で5分《ふん》ほど煮《に》るよ。

ぷわ～

2

鍋《なべ》に調味料《ちょうみりょう》を入《い》れて
火《ひ》にかけよう。

しめじを入《い》れても
おいしいん
ですって。

焼《や》いたおふの田楽《でんがく》みそがけ

生《なま》ふ田楽《でんがく》

生《なま》ふは、厚《あつ》めの
「さがらふ」が
おすすめです！

材《ざい》　料《りょう》（4人分《にんぶん》）

生《なま》ふ…2本《ほん》

〔田楽《でんがく》みそ調味料《ちょうみりょう》〕

八丁《はっちょう》みそ…60g
さとう…大《おお》さじ6
みりん…大《おお》さじ2
酒《さけ》…大《おお》さじ2

サラダ油《ゆ》…小《こ》さじ2
ケシの実《み》…少々《しょうしょう》

つくり方《かた》

1 生《なま》ふを
切《き》って焼《や》こう。

にょっ

2cmの厚《あつ》さの細長《ほそなが》い
棒《ぼう》の形《かたち》に切《き》る

フライパンにサラダ油《ゆ》を入《い》れて
火《ひ》にかける。温《あたた》まったら中火《ちゅうび》
で両面《りょうめん》、色《いろ》よく焼《や》く

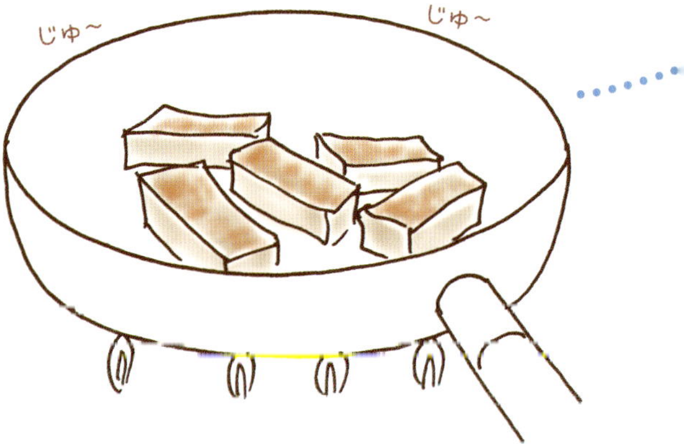
じゅ～
じゅ～

2 田楽《でんがく》みそをつくろう。

かしゃっ
かしゃっ

ボウルに調味料《ちょうみりょう》を入《い》れて、
泡立《あわだ》て器《き》でしっかりまぜる

水《みず》を入《い》れて温《あたた》めた鍋《なべ》にボウルごと
入《い》れてゆっくり熱《ねっ》する

このやり方《かた》を「湯《ゆ》せん」と
いうんだって。こげないように
木《き》ベラでまぜながら、
とろみがつくまで温《あたた》めよう。

ポイント
生《なま》ふは、包丁《ほうちょう》をぬらして
から切《き》ると切《き》りやすいよ。

3 さぁ仕《し》上《あ》げだよ。
お皿《さら》に生《なま》ふをもりつけて
田楽《でんがく》みそをぬろう。

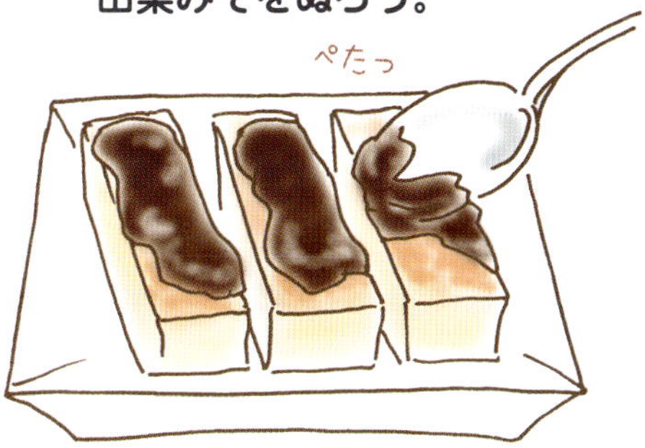
ぺたっ

4 ケシの実《み》を散《ち》らして、
できあがり。

パラッ
パラッ

スイーツみたいネ！
オイシソ～。

一品料理《いっぴんりょうり》

酢《す》とみそを合《あ》わせたものをぬたっていうんだって！

酢《す》みその和《あ》えもの

イカとわけぎのぬた和《あ》え

材《ざい》　料《りょう》（4人分《にんぶん》）

わけぎ…120g
イカ…120g
酒《さけ》…大《おお》さじ2

〔和《あ》え衣《ごろも》〕

白《しろ》みそ…70g
さとう…小《こ》さじ4
酢《す》…小《こ》さじ4
だし汁《じる》…小《こ》さじ1
和《わ》からし…小《こ》さじ1

つくり方《かた》

1 わけぎを じゅんびしよう。

あらったわけぎは、根《ね》の部分《ぶぶん》を切《き》り取《と》って塩《しお》を入《い》れた熱湯《ねっとう》で2～3分《ぶん》ゆでる

冷水《れいすい》に入《い》れて冷《さ》まし、先《さき》を切《き》る

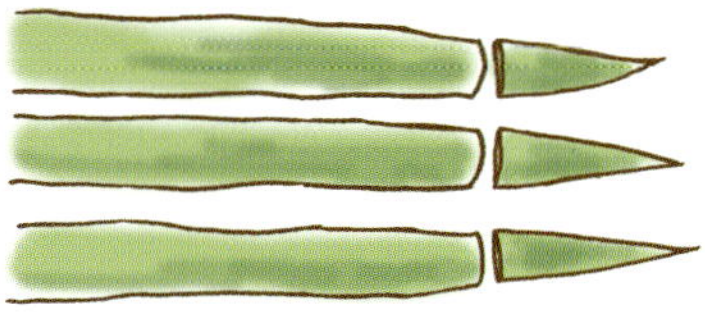

根元《ねもと》から先《さき》に向《む》かって、すりこ木《ぎ》などで2～3回《かい》しごいて、ぬめりをとる

3cmの長《なが》さに切《き》る

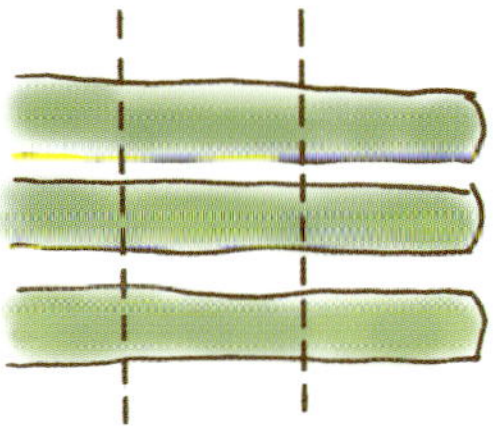

5

別《べつ》のボウルにわけぎ、イカ、和《あ》え衣《ごろも》を入《い》れて和《あ》えよう。お皿《さら》にもりつけて、できあがり。

ぎゅわっ

4

ボウルに和《あ》え衣《ごろも》の調《ちょう》味《み》料《りょう》を合《あ》わせよう。

かちゃ
かちゃ

ポイント　食《しょっ》感《かん》や色《いろ》が悪《わる》くならないよう、わけぎはゆですぎないこと。

3

熱《ねっ》したフライパンに、イカを酒《さけ》ごと加《くわ》えてサッと火《ひ》を通《とお》そう。

じゃっ
じゃっ
取《と》り出《だ》して冷《さ》ます
ほわ～ん

2

イカをじゅんびしよう。

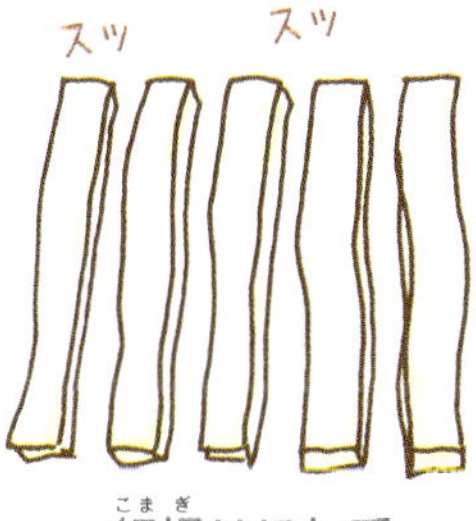
スッ
スッ

細切《こまぎ》りにして

ぽたーり

ボウルに入《い》れて、酒《さけ》を加《くわ》えてほぐす

ユリネを
入《い》れても
おいしいデス。

とろっとろ！ 卵《たまご》とだし汁《じる》を蒸《む》したもの

茶《ちゃ》わん蒸《む》し

材《ざい》　料《りょう》（4人分《にんぶん》）

卵《たまご》…2個《こ》
とりモモ肉《にく》…1/3枚《まい》
かまぼこ…40g
みつ葉《ば》…6本《ぽん》
ギンナン(水煮《みずに》)…8粒《つぶ》
エビ…4尾《び》

〔とり肉《にく》の下味調味料《したあじちょうみりょう》〕

濃《こ》い口《くち》しょう油《ゆ》…小《こ》さじ2
酒《さけ》…小《こ》さじ2

〔卵液調味料《らんえきちょうみりょう》〕

一番《いちばん》だし汁《じる》…300mL
うす口《くち》しょう油《ゆ》…小《こ》さじ1
みりん…小《こ》さじ1
塩《しお》…少々《しょうしょう》

ポイント
気泡《きほう》が入《はい》らないようやさしくかきまぜよう。

つくり方《かた》

1 **卵液《らんえき》をつくろう。**

ボウルに卵《たまご》を
割《わ》ってほぐし

すっ　すっ

さーっ
卵液調味料《らんえきちょうみりょう》と合《あ》わせて

ザルでこす
ざーっ

2 中《なか》に入《い》れる材料《ざいりょう》をじゅんびしよう。

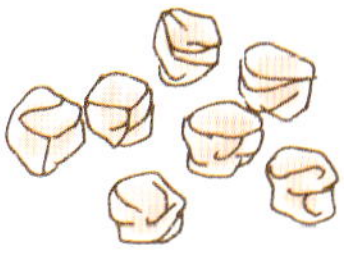

とり肉《にく》は
あぶら、なん骨《こつ》を
取《と》って1cmの角切《かくぎ》り

ボウルに入《い》れて、とり肉《にく》の
下味調味料《したあじちょうみりょう》で味《あじ》をつける

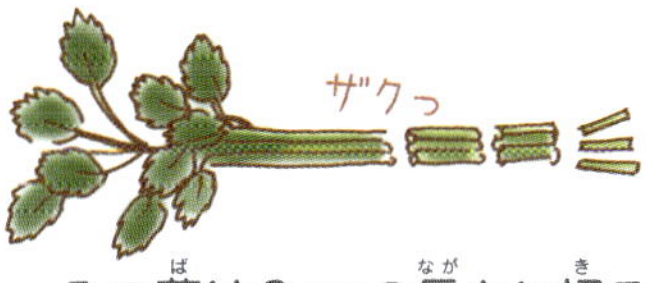
ザクっ

みつ葉《ば》は2cmの長《なが》さに切《き》る

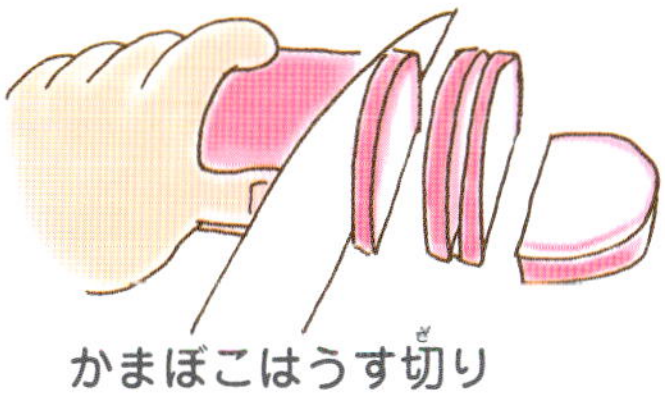

かまぼこはうす切り

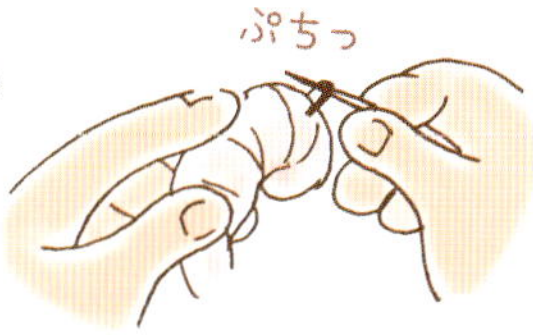
ぷちっ

エビはからをむいて、
つまようじなどで
背《せ》わたを取《と》る

3 器《うつわ》にとり肉《にく》、かまぼこ、エビ、ギンナンを入《い》れて、そっと卵液《らんえき》を入《い》れよう。

とろ～り

4 みつ葉《ば》を散《ち》らしてふたをするよ。

パラ

ふたがない場合《ばあい》は、
ラップフィルムか
アルミはくを使《つか》う

5 蒸《む》し器《き》に入《い》れて、3分《ぷん》ぐらい強火《つよび》で蒸《む》すよ。

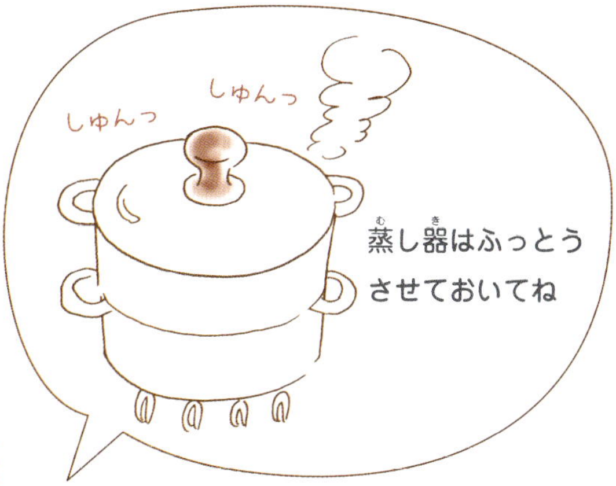
しゅんっ
しゅんっ
蒸《む》し器《き》はふっとう
させておいてね

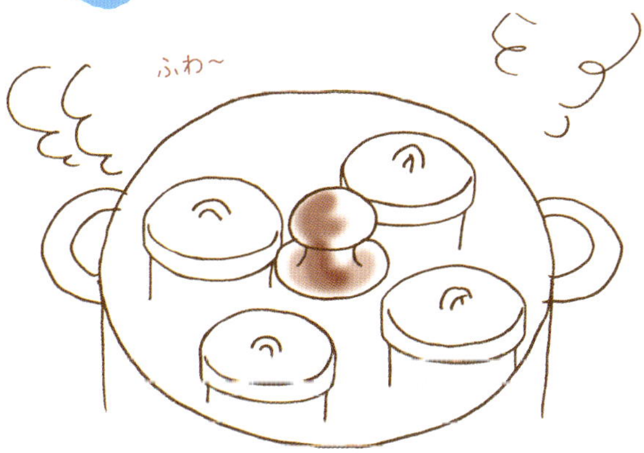
ふわ～

容器《ようき》のふたをあけてみて、
表面全体《ひょうめんぜんたい》が白《しろ》い色《いろ》に変《か》わったら
弱火《よわび》にして、さらに7分《ふん》ほど
蒸《む》して、できあがり

容器《ようき》のふたは
熱《あつ》いので、乾《かわ》いた
タオルなどを
使《つか》ってね。

みんなのおうちのお雑煮《ぞうに》とくらべてみて!

京風白《きょうふうしろ》みそ雑煮《ぞうに》

材《ざい》　料《りょう》（4人分《にんぶん》）

丸《まる》もち…4個《こ》
だいこん…3cm
にんじん…8cm
えびいも…1/2個《こ》

〔汁《しる》〕

だし汁…800mL
白《しろ》みそ…150g

和《わ》からし…小《こ》さじ1

つくり方《かた》

1 材料《ざいりょう》をじゅんびしよう。

だいこんは皮《かわ》をむいて、4等分《とうぶん》に輪切《わぎ》り

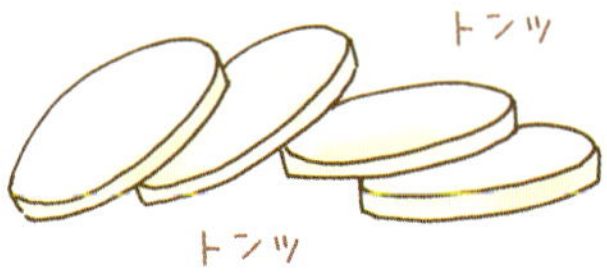

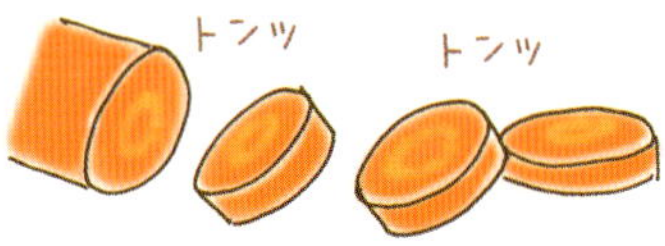

にんじんは皮《かわ》をむいて、8等分《とうぶん》に輪切《わぎ》りにし

梅《うめ》の花《はな》の金型《かながた》でくりぬいて

えびいもは皮《かわ》をむいて乱切《らんぎ》り

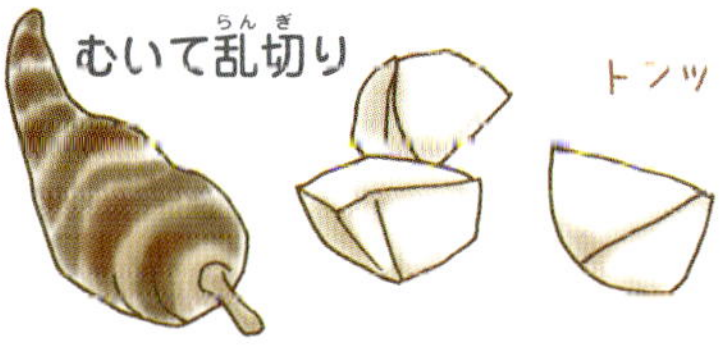

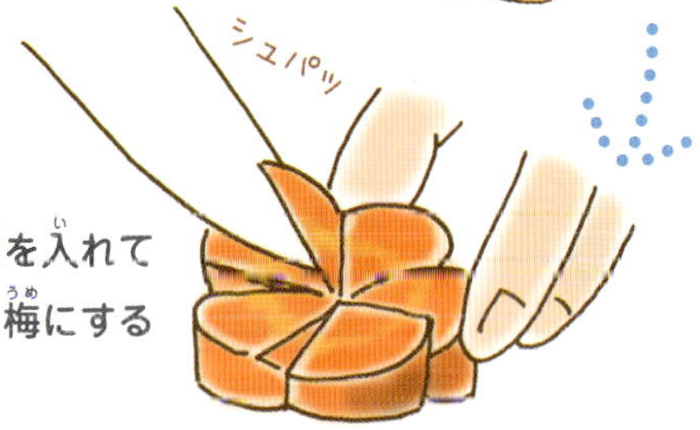

切《き》れ目《め》を入《い》れてねじり梅《うめ》にする

2

鍋《なべ》に
だいこん、にんじん、えびいもと、
野菜《やさい》がひたるくらいの水《みず》を入《い》れて
やわらかくなるまで煮《に》よう。

ことこと

ポイント

野菜《やさい》の大《おお》きさをそろえると
きれいに見《み》えるよ。

3

別《べつ》の鍋《なべ》にだし汁《じる》を
入《い》れて温《あたた》め、白《しろ》みそを
といて入《い》れるよ。

4

おもちをじゅんびするよ。
別《べつ》の鍋《なべ》にお湯《ゆ》をふっとうさせ、
丸《まる》もちを入《い》れてすぐ火《ひ》を止《と》める。

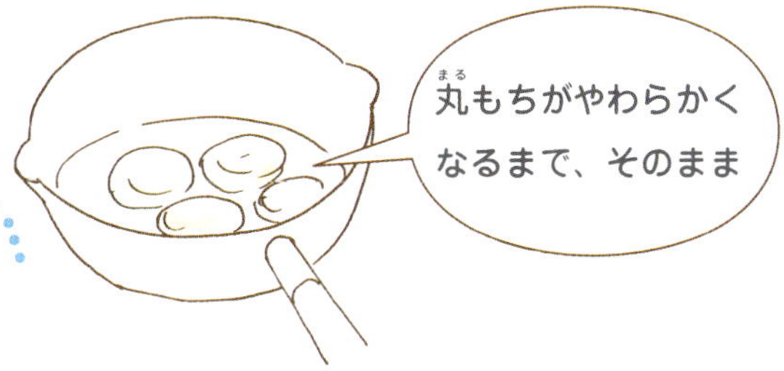
丸《まる》もちがやわらかく
なるまで、そのまま

5

おわんにだいこんを入《い》れて、
その上《うえ》に丸《まる》もちをのせ、
にんじんとえびいもを
もりつけよう。

さらーっ

汁《しる》を注《そそ》いで和《わ》からしを
そえたら、できあがり

和菓子《わがし》

あま～いあずきとおもち

ぜんざい

あずきにはビタミンが
多《おお》くふくまれているので、
栄養満点《えいようまんてん》です。

材《ざい》　料《りょう》（4人分《にんぶん》）

あずき…100g
グラニュー糖《とう》…100g
塩《しお》…小《こ》さじ1/2
水《みず》…400mL

もち…４個《こ》
塩《しお》こんぶ…８枚《まい》

つくり方《かた》

1 あずきをゆでよう。

あずきをサッと
あらって

とちゅうで水《みず》をたして、
あずきに水《みず》がかぶって
いるようにしてね。

たっぷりの水《みず》でゆでる

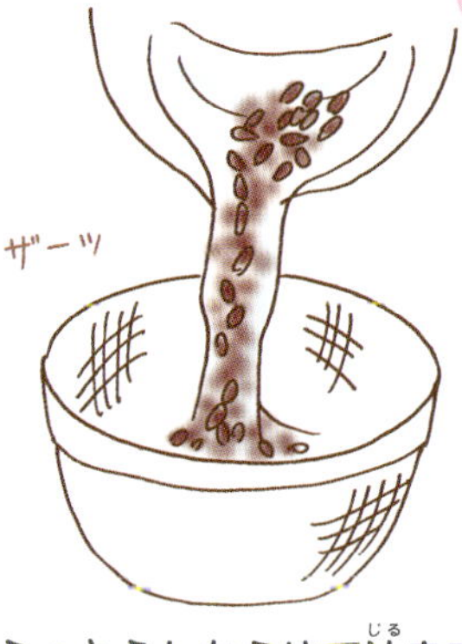

ふっとうしたらゆで汁《じる》をすて、
さらにひたひたの水《みず》を
加《くわ》えてゆでる

またふっとうしたら、
弱火《よわび》でアクを取《と》りながら
１時間《じかん》煮《に》る

ポイント

1 であずきを煮《に》るときは、強《つよ》火《び》だとつぶれやすくなるので弱《よわ》火《び》で！

2

あずきがやわらかくなったら、味《あじ》つけだよ。材料《ざいりょう》の水《みず》とグラニュー糖《とう》を加《くわ》えて15分《ふん》ほど煮《に》よう。

あずきが指《ゆび》でつぶれるくらいになったら

3

塩《しお》で味《あじ》をととのえるよ。

4

もちのじゅんびをしよう。

オーブントースターで両面《りょうめん》こげ目《め》がつくまで焼《や》く

5

器《うつわ》にもりつけよう。塩《しお》こんぶをそえて、できあがり。

きな粉《こ》をまぶすプルンとしたおもち

わらびもち

プルプルだ〜。

材料《ざいりょう》（4人分《にんぶん》）

本《ほん》わらび粉《こ》…100g
さとう…大《おお》さじ2
水《みず》…460mL

〔きな粉《こ》〕

きな粉《こ》…大《おお》さじ2
さとう…大《おお》さじ4

つくり方《かた》

1 鍋《なべ》に本《ほん》わらび粉《こ》とさとうを入《い》れて、水《みず》を加《くわ》えてまぜてとかそう。

水《みず》は少《すこ》しずつ加《くわ》える
つー

まぜるのには力《ちから》がいるよ。

2 中火《ちゅうび》にかけて、木《き》ベラでしっかり練《ね》ろう。

サラッ
サラッ

ねばりが出《で》て透明《とうめい》になるまで
もったり
もったり

3

ボウルやバットに
入《い》れ、しばらく置《お》
いて冷《さ》ますそう。

4

冷《さ》めたらスプーンで
食《た》べやすい大《おお》きさに切《き》って、
お皿《さら》にもりつけるよ。

ぷるんっ

5

きな粉《こ》とさとうを
まぜ合《あ》わせるよ。

ふわふわっ

6

お皿《さら》にもったわらびもちに、
きな粉《こ》をかけてできあがり。

ふんわり
ほんわり

きな粉《こ》は
好《す》きな量《りょう》を
かけてネ。

ポイント
本《ほん》わらび粉《こ》を水《みず》にとかすときは、ダマにならないようによくまぜてね。

お弁当《べんとう》

お弁当《べんとう》の定番《ていばん》メニュー

とりのから揚《あ》げ

材《ざい》　料《りょう》（4人分《にんぶん》）

とりモモ肉《にく》…2枚《まい》
しょうが…10g
片栗粉《かたくりこ》…大《おお》さじ10

〔下味調味料《したあじちょうみりょう》〕

濃《こ》い口《くち》しょう油《ゆ》…大《おお》さじ2
酒《さけ》…大《おお》さじ2

揚《あ》げ油《あぶら》…適量《てきりょう》
さんしょう塩《じお》（市販《しはん》）…お好《この》み

ポイント 片栗粉《かたくりこ》をまぶすのは揚《あ》げる直前《ちょくぜん》に！　余分《よぶん》な粉《こな》は、はたこう。

つくり方《かた》

1 材料《ざいりょう》をじゅんびしよう。

しょうがは皮《かわ》をむいて、すりおろす

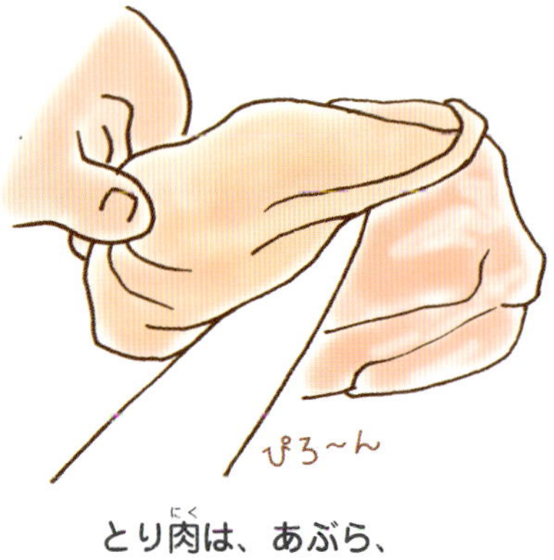

とり肉《にく》は、あぶら、なん骨《こつ》を取《と》って

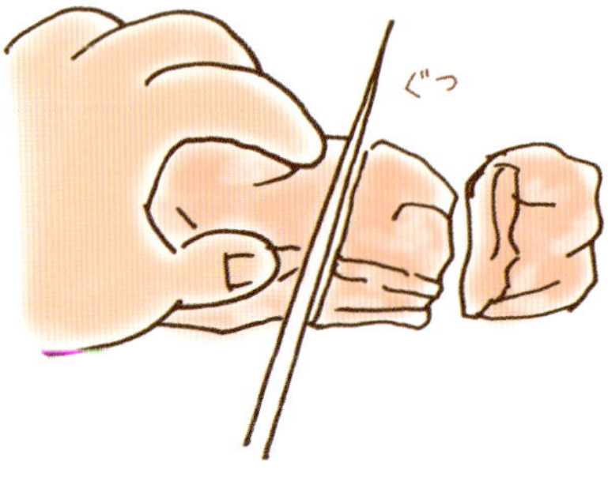

一口大《ひとくちだい》に切《き》る

5

お皿《さら》にもりつけ、お好《この》みで
さんしょう塩《じお》をそえて
できあがり。

カリッ
カリッ

4

とり肉《にく》を揚《あ》げよう。
160℃の揚《あ》げ油《あぶら》にとり肉《にく》を入《い》れ、
少《すこ》しずつ温度《おんど》を上《あ》げるよ。

じゅわ～

きつね色《いろ》になるまでじっくり揚《あ》げる

お弁当《べんとう》に
つめようっと！

3

とり肉《にく》の汁気《しるけ》を切《き》ってから、
片栗粉《かたくりこ》をまぶそう。

ハラハラッ

2

とり肉《にく》に
下味《したあじ》をつけよう。

くちゃっ
くちゃっ

ボウルに下味調味料《したあじちょうみりょう》、
すりおろしたしょうが、
とり肉《にく》を入《い》れて、
よくもみ込《こ》む

いろいろな料理《りょうり》道具《どうぐ》

この本《ほん》にも登場《とうじょう》した、和食《わしょく》づくりに便利《べんり》な道具《どうぐ》たち

包《ほう》丁《ちょう》

【三徳包丁《さんとくぼうちょう》（万能包丁《ばんのうぼうちょう》）】

肉《にく》も野菜《やさい》も魚《さかな》も切《き》れる、一般的《いっぱんてき》な包丁《ほうちょう》

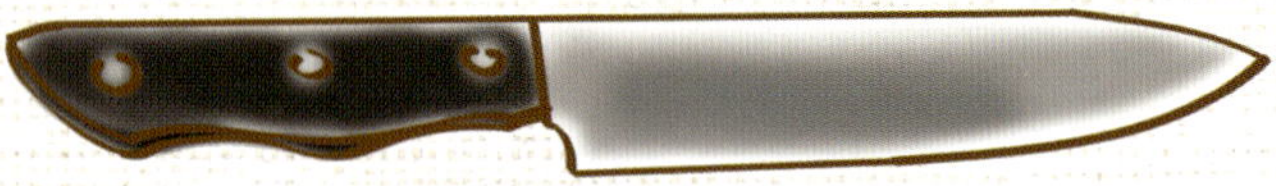

【くだもの包丁《ぼうちょう》（ペティナイフ）】

三徳包丁《さんとくぼうちょう》の小《ちい》さいもの。ステンレスやセラミックのものは、レモンなどを切《き》ったときにさびなくて良《よ》い

あると便利《べんり》な包丁《ほうちょう》

【菜切《なき》り包丁《ぼうちょう》】

刃《は》が直線《ちょくせん》になっていて、野菜《やさい》の千切《せんぎ》りなどにむいている

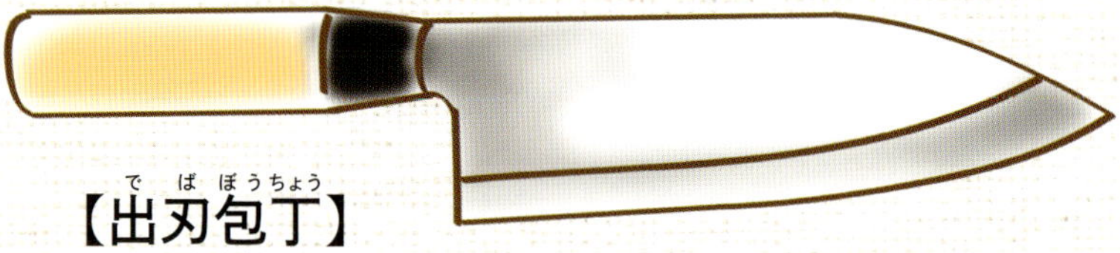

【出刃包丁《でばぼうちょう》】

刃《は》が太《ふと》く、肉《にく》を切《き》ったり、魚《さかな》をおろしたりするための包丁《ほうちょう》

【刺身包丁《さしみぼうちょう》（柳刃包丁《やなぎばぼうちょう》）】

刺身《さしみ》を引《ひ》いて切《き》ることができる、長《なが》い包丁《ほうちょう》

鍋《なべ》

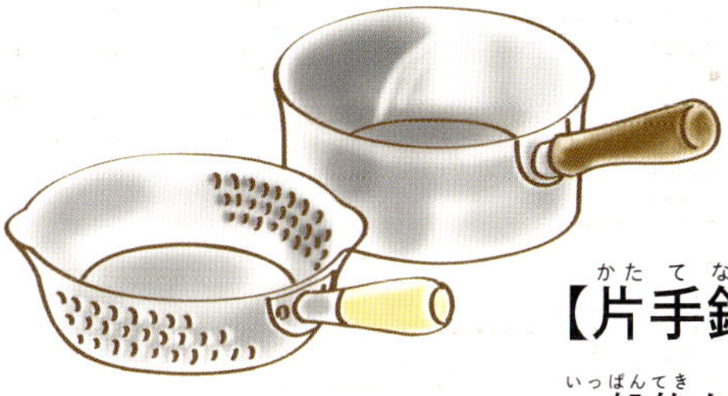

【雪平鍋《ゆきひらなべ》】

小《ちい》さいへこみがあり、口《くち》が広《ひろ》く丸《まる》みがある鍋《なべ》。熱《ねつ》が伝《つた》わりやすく、ことこと煮込《にこ》むのに便利《べんり》

【片手鍋《かたてなべ》】

一般的《いっぱんてき》な鍋《なべ》

【揚《あ》げ鍋《なべ》】

油《あぶら》で揚《あ》げる用《よう》の鍋《なべ》。直径《ちょっけい》30cmぐらいのものがあるとよい

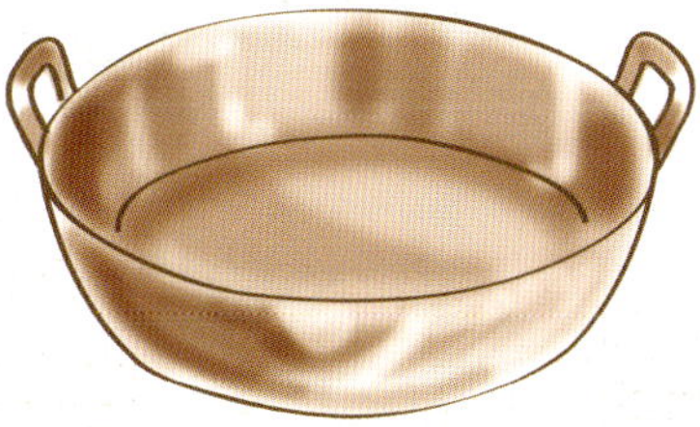

＋

揚《あ》げものセット

【揚《あ》げバット】

【あみじゃくし】

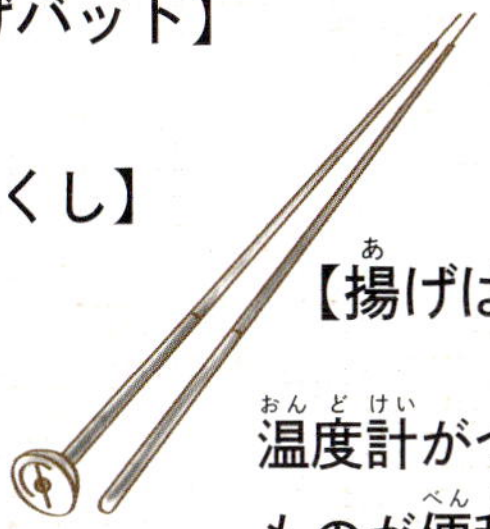

【揚《あ》げばし】

温度計《おんどけい》がついたものが便利《べんり》

【すき焼《や》き鍋《なべ》】

家庭用《かていよう》には直径《ちょっけい》20cm以上《いじょう》のものが便利《べんり》

【フライパン】

【卵焼《たまごや》き器《き》】

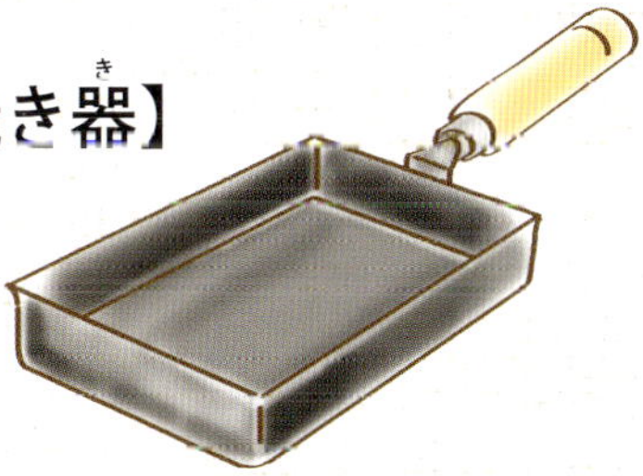

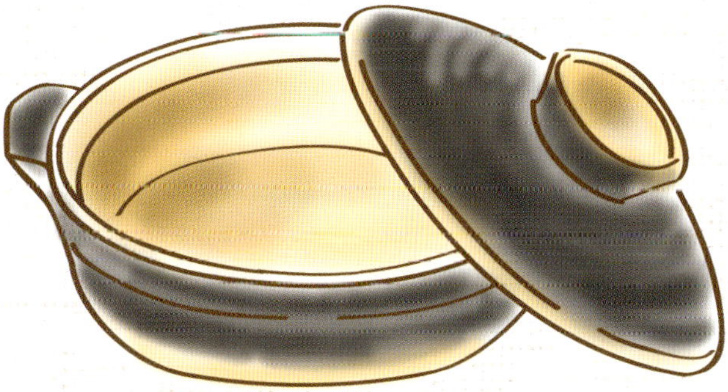

【土鍋《どなべ》】

水炊《みずた》きをしたり、湯《ゆ》どうふをつくったりする鍋《なべ》。直径《ちょっけい》24cmぐらいのものがあるとよい

はかる

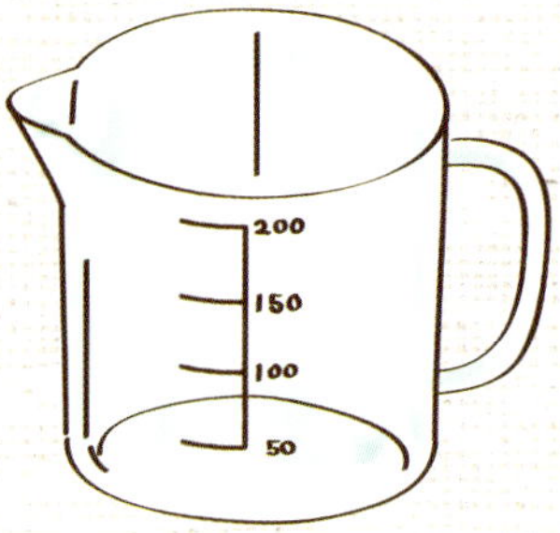

【計量《けいりょう》カップ】

【はかり】

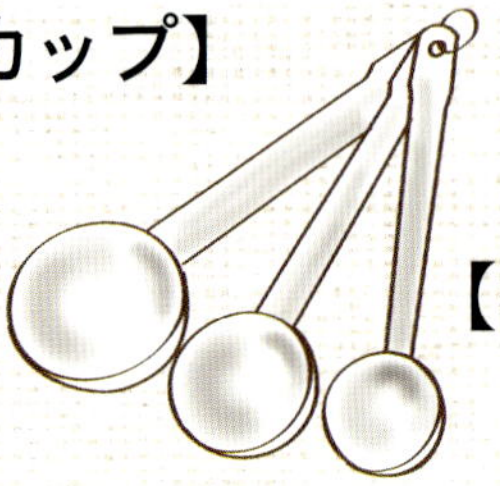

【計量《けいりょう》スプーン】

入《い》れる／こす／水《みず》を切《き》る

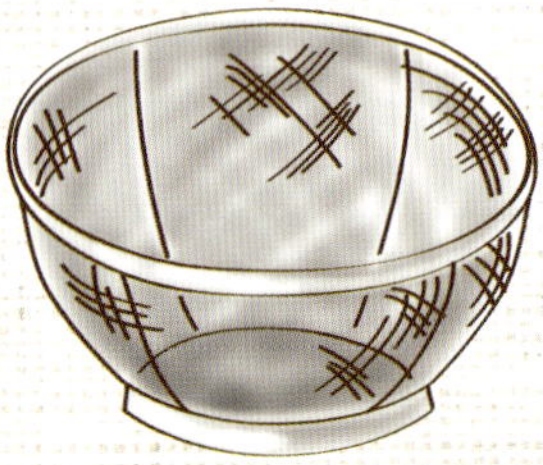

【ザル】

【ボウル】

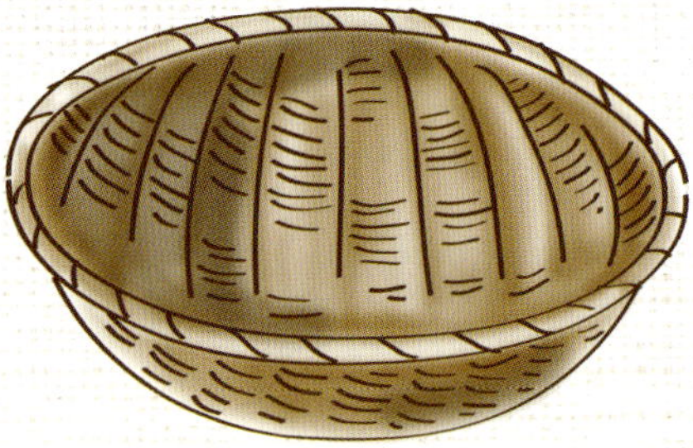

【竹《たけ》ザル】

おろす／する

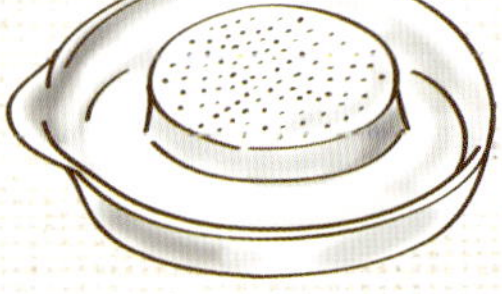

【おろし器《き》】

おろし金《がね》よりもセラミックのものが金属《きんぞく》の臭《にお》いや味《あじ》がしなくてよい

【すりばち】と【すりこ木《ぎ》】

まぜる／返《かえ》す／よそう／巻《ま》く

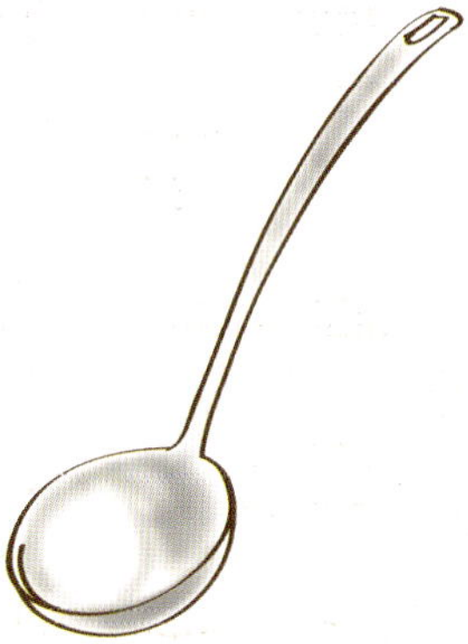

【おたま】

【泡《あわ》立《だ》て器《き》】

【フライ返《がえ》し】

【さいばし】

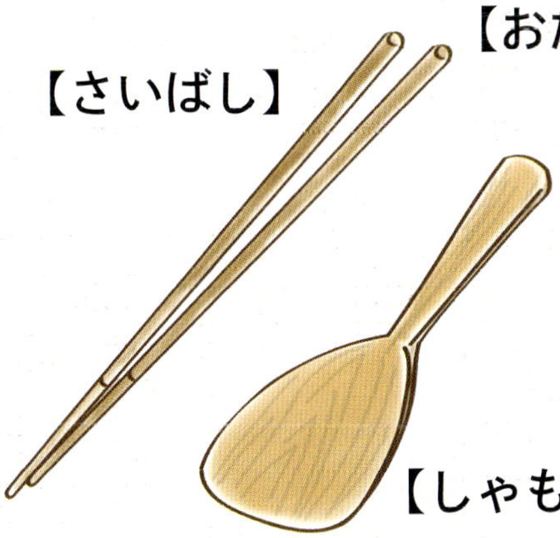

【しゃもじ】

まぜるときなどに使《つか》う。熱《ねつ》に強《つよ》い木《き》でできたものが良《よ》い

【木《き》ベラ】

スープや煮《に》ものをまぜるときに使《つか》う、木《き》でできたもの

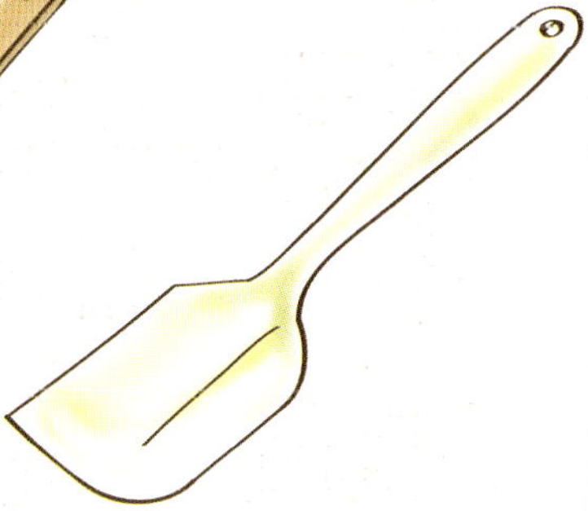

【ゴムベラ】

冷《つめ》たいものをボウルでまぜるときに使《つか》う

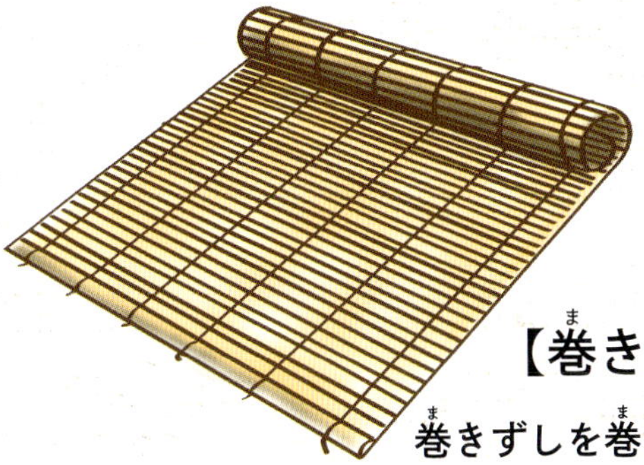

【巻《ま》きす】

巻《ま》きずしを巻《ま》くのに使《つか》う

あると便利《べんり》なもの

【キッチンばさみ】

【皮《かわ》むき器《き》（ピーラー）】

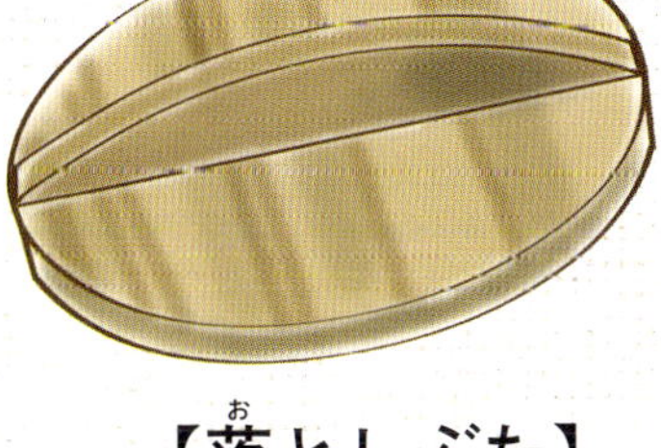

【落《お》としぶた】

さくいん

あ 行《ぎょう》

か 行《ぎょう》

さ 行《ぎょう》

監　修

栗栖正博 くりす　まさひろ

1957年京都市生まれ。特定非営利活動法人日本料理アカデミー副理事長。1928年に祖父の初代栗栖熊三郎がカウンター割烹として京都に創業した、「たん熊北店」の三代目主人。お店での料理教室や小学校で特別授業を行うなど、食育にも力を注いでいる。著書に『よくわかる板前割烹の仕事』(柴田書店)ほか。
http://www.tankumakita.jp/

執筆協力(第3章)

ラ・キャリエール クッキングスクール

京都で80年余の伝統を持つ、学校法人 大和学園が運営する、お料理・お菓子・パン・フラワーのスクール。初めての方から、プロフェッショナルを目指す方まで、目的に応じた多彩なレッスンを実施している。
グループ校に、京都栄養医療専門学校、京都調理師専門学校、京都製菓技術専門学校、キャリエールホテル旅行専門学校がある。

撮　影　林口哲也

漫　画　手丸かのこ

編集協力・デザイン　ジーグレイプ株式会社

子どもとつくる たのしい和食

発行日　2014年８月20日　初版第１刷

監　修　栗栖正博
発行者　西田裕一
発行所　株式会社平凡社
　東京都千代田区神田神保町3-29　〒101-0051
　電話　03(3230)6581[編集]
　　　　03(3230)6572[営業]
　振替　00180-0-29639
　ホームページ　http://www.heibonsha.co.jp/

印刷・製本　図書印刷株式会社

2014 Printed in Japan
ISBN978-4-582-83668-4　NDC分類番号596
B5判(25.7cm)　総ページ120